ÜBER DIE AUTORIN

Judith Fast lebt mit ihrem kanadischen Ehemann in Litauen, wo sie an der LCC International University mit Studierenden arbeitet.

ÜBER DEN ILLUSTRATOR

Timo Matthies studiert Design und Fotografie in Düsseldorf.

vertraut.

DIESES BUCH GEHÖRT

06 — IM GESPRÄCH MIT GOTT BLEIBEN

Im Gespräch mit Gott bleiben

Vielleicht hast du den Untertitel dieses Buches gelesen und dich gefragt, was genau sich hinter diesem „Inspirationsbuch“ verbirgt. Das möchte ich dir gern erklären. Dieses Buch ist aus dem Wunsch heraus entstanden, dich darin zu unterstützen, einen Lebensstil zu entwickeln, der von einer dauerhaften Unterhaltung mit Gott gekennzeichnet ist. Ich wünsch mir und dir, dass ihr dabei beide zum Zug kommt: du selbst und Gott. Denn erst, wenn wir Gott nicht nur um Dinge bitten, sondern ihm auch Fragen stellen und auf seine Antworten warten, werden wir seine Stimme in unserem Leben erkennen und mit ihm vertraut werden. Das Wort vertraut gefällt mir gut, weil es mit Vertrauen und sich in- und auswendig kennen zu tun hat. Es meint, den anderen auf Anhieb an seiner Art und dem, was er sagt und tut, zu erkennen.

„Meine Schafe hören meine Stimme, und ich kenne sie, und sie folgen mir“, (JOHANNES 10,27)

sagt Jesus voller Überzeugung. Aber nicht immer sind wir uns genauso sicher wie er, dass wir seine Stimme tatsächlich kennen, sie hören und ihr folgen können. Wenn du diese Unsicherheit kennst, will ich dir Mut machen: Wir können Gottes Stimme wirklich kennenlernen. Wir können mit seinem Reden vertraut werden.

Ich möchte das, wozu dich dieses Buch führen soll, als hörendes Gebet bezeichnen. Weil Gott in unseren Herzen wohnt und sein Geist uns erfüllt, kann er auch unmittelbar durch unseren Geist und unser Herz zu uns sprechen – wenn wir ihn dazu einladen. Viel zu lange habe ich selbst Gebet als eine einseitige Angelegenheit, als eine Auflistung meiner Bitten und Sorgen, verbunden mit einem gelegentlichen Dankesanliegen und hier und da einem Anflug von Anbetung, verstanden. Wenn ich aber biblische Geschichten wie die von Abraham lese, wird mir schnell klar, dass Gebet viel mehr sein muss als etwas, das man „verrichtet“.

Danach redete der HERR zu Abram in einer Vision: »Hab keine Angst, Abram, ich beschütze dich wie ein Schild und werde dich reich belohnen!« Aber Abram entgegnete: »Ach, HERR, mein Gott, was willst du mir denn schon geben? Du weißt doch, dass ich keinen Sohn habe, du selbst hast mir Kinder versagt. Und ohne einen Nachkommen sind alle Geschenke

wertlos. Ein Diener meines Hauses – Eliëser aus Damaskus – wird meinen ganzen Besitz erben.« »Nein«, erwiderte der HERR, »nicht dein Diener, sondern dein eigener Sohn wird den ganzen Besitz übernehmen!« Er führte Abram aus dem Zelt nach draußen und sagte zu ihm: »Schau dir den Himmel an, und versuche, die Sterne zu zählen! Genauso werden deine Nachkommen sein – unzählbar!« Abram nahm dieses Versprechen ernst. Er setzte sein ganzes Vertrauen auf den HERRN, und so fand er Gottes Anerkennung. (1. Mose 15,1–6)

Texte wie diese faszinieren mich. Ich lese, wie der HERR redete, Abraham etwas entgegnete und der Herr daraufhin noch einmal etwas erwiderte. Ich lese, dass der Herr Abraham hinausführte und ihm ein Versprechen gab. Ich lese, dass Abraham das Gesagte ernstnahm und dass Gott Abraham für sein Vertrauen Anerkennung schenkte. Diese Art von Gespräch mit Gott wünsche ich mir auch für mein eigenes Leben. Und diese Art von Gespräch ist auch die einzige Möglichkeit für mich, Aussagen wie „hört niemals auf zu beten“ (1. Thess. 5,17) zu verstehen. Wenn Gebet nur ein Monolog ist, der sich um meine Bitten dreht, dann ist diese Aufforderung absurd. Wenn Gebet aber eine über Jahre andauernde Unterhaltung mit meinem Schöpfer ist, in der er mich, wie damals Abraham, zu seinen Antworten, Versprechen, Erklärungen und Sichtweisen führt, und ich im Gegenzug meine Fragen stelle, meine Bitten abgebe, mein Vertrauen zum Ausdruck bringe und ihn immer besser erkenne, dann möchte ich auf keinen Fall, dass dieses Gebet in meinem Leben jemals zum Ende kommt.

> Dann möchte ich tatsächlich „ohne Unterlass“ beten beziehungsweise auf Empfang für Gott bleiben und meine geistlichen Ohren auf seine Stimme ausrichten.

Abraham hatte eine so reale und intensive Beziehung mit Gott, dass Gott an einer Stelle sogar sagt: „Wie könnte ich vor Abraham verbergen, was ich tun will?“ (1.Mose 18,17; LU) und ihm dann seine Pläne für Sodom und Gomorrha erklärt. Abraham setzt sich daraufhin dafür ein, dass Gott die gerechten Menschen in diesen beiden Städten verschont, und Gott lässt sich tatsächlich auf Abrahams Wünsche und Sorgen ein, bis dieser beruhigt ist.

Ich sehe, wie genau das in meinem Leben passiert, wenn ich Gott einlade, wirklich Teil meines Gebets zu sein und ihm erlaube, in mein Leben hineinzusprechen: Er offenbart mir Dinge über andere, mich und sich selbst, die mir sonst nie in den Sinn gekommen wären. Er legt mir

Wünsche aufs Herz, lässt mich auf den Grund meiner Ängste kommen und bringt mich dann liebevoll zu einem Punkt, an dem ich wieder Frieden in meinem Herzen empfinde.

> Die Bibel zeigt mir auch, dass diese anhaltende Unterhaltung mit Gott viel mehr Ausdrucksformen annehmen kann als Worte.

Ich lese von Visionen (vgl. Apostelgeschichte 10), Träumen (vgl. 1.Mose 37), Gefühlen (vgl. Psalm 131), Bildern und Vergleichen (vgl. Jesaja 64), Melodien (vgl. Zephaniah 3), besonderen Umständen (vgl. Hiob) und vielem mehr. Gott hat unzählige Möglichkeiten, zu uns zu sprechen. Je mehr wir den Gedanken zulassen, dass er mit uns und zu uns sprechen möchte, und dass er dies auf ganz unterschiedliche Weise tun kann, desto vertrauter werden wir mit ihm werden. Und irgendwann werden wir der Aussage Jesu, dass seine Schafe seine Stimme hören und ihr folgen, tatsächlich zustimmen können, weil wir die Wahrheit dieser Aussage in unserem eigenen Leben erkennen.

Zu den Texten und Bildern dieses Buches

Aus meiner eigenen Stillen Zeit mit Gott heraus sind in den vergangenen Jahren viele Lieder entstanden. Von manchen gibt es Aufnahmen, von vielen aber auch nicht. Oft ist das Schreiben eines Liedes die Art, wie ich das verarbeite, was ich Gott sagen höre. Ich glaube, dass Gottes Geist in uns immer auch unsere Kreativität anregt. Jedenfalls erkenne ich bei mir einen klaren Zusammenhang zwischen Gottesnähe und Kreativität. Manchmal entstehen in meinen Zeiten mit Gott Melodien und Texte, manchmal aber auch Bilder, Wünsche oder Ideen für Handlungen, ein neuer Tatendrang, eine plötzliche Erkenntnis und viel mehr. Sein Wort ist lebendig, und so bringt es auch in uns, die wir uns damit befassen, Dinge zum Leben und in Bewegung.

In diesem Buch findest du 30 verschiedene Themen bzw. Anregungen, an denen du dein hörendes Gebet orientieren kannst. Zu jedem Thema wirst du jeweils einen Liedtext finden. Ich möchte ihn dir als eine Art modernen Psalm mitgeben, der meine eigene Gebetswelt widerspiegelt, aber auch deine Gedanken anregen kann. Du wirst außerdem auch immer einen Leitvers und einige Leitfragen zu jedem Thema finden. Fühl dich frei, sie alle oder nur einzelne oder auch gar keine von ihnen zu beantworten, solange du auf irgendeine Art und Weise Gott einlädst, sich dir zu zeigen und mit dir ins Gespräch zu kommen. Im freien Raum um diese Texte herum kannst du deine Reflexion in Worten oder Bildern, oder in welcher Form auch immer, festhalten – und das, was du von Gott in der jeweiligen Gebetszeit empfangen hast.

Ich will dich ermutigen, deine Einträge mit einem Datum zu versehen. Vielleicht schaust du nach einiger Zeit ja wieder in dieses Buch und fängst an zu staunen, was Gott seither alles in deinem Leben bewegt hat. Solltest du dich dafür entscheiden, das, was du denkst und was Gott dir gesagt hat, in Worte zu fassen, möchte ich dir ans Herz legen, beides auf den freien Flächen in der Ich-Form zu tun, so als würdest du direkt mit Gott sprechen und als würde er auch in der Ich-Form direkt zu dir sprechen. Wenn es zum Beispiel darum geht, welche Bereiche du in deinem Leben vor Gott verschließt, dann frage ihn das direkt, und vielleicht hörst du dann eine ähnliche Antwort wie ich: „Judith, du lässt mich nicht an die Dinge heran, die dir besonders wichtig sind, weil du Angst hast, sie aus der Hand zu geben. Ich möchte, dass du verstehst, dass gerade das, was dir so wichtig ist, bei mir am allerbesten aufgehoben ist“.

Wenn du dir unsicher bist, was du schreiben sollst, leg einfach los. Vertraue darauf, dass Gott dir durch seinen Geist und sein Wort gute Gedanken geben wird. Um zu prüfen, ob das, was du als Gottes Antwort

aufschreibst, auch wirklich von ihm kommt, kannst du es gerne mit Aussagen aus der Bibel und dem, was erfahrenere Glaubensgeschwister mit Gott erleben, vergleichen. Wenn es im Einklang damit ist, kannst du Gottes Reden gut und gerne als solches für dich annehmen.

Du wirst zu jeder Einheit außerdem auch einen kurzen Abschnitt finden, in dem ich einen, oder mehrere Gedanken, die ich in der Bibel zum jeweiligen Thema finden konnte, aufgreife. Du kannst diese kurzen Abschnitte als konkrete Worte für dich und die Situation, in der du dich gerade befindest, sehen, die in dein Leben hineinsprechen. Nicht immer werden sie das im selben Ausmaß tun, aber hier und da werden sie vielleicht genau in dein Herz treffen. Sollte dir der Leitvers nicht genug Bibelinput bieten, kann der erwähnte Bibelabschnitt am Seitenende noch eine gute Möglichkeit für dich sein, dich intensiver mit dem jeweiligen Thema in der Bibel auseinanderzusetzen.

Neben den verschiedenen Texten findest du in diesem Buch auch ein begleitendes Bild, eine Visualisierung, eine Illustration oder Ähnliches zu jedem der Themen. Diese wurden von den Texten inspiriert und sollen gleichzeitig zum Weiterdenken anregen. Unser Wunsch ist es, dass diese zwei Medien in einen Dialog miteinander treten. Das Bild wird mal verschiedene Aussagen der Lieder unterstützen und aufgreifen, mal aber auch diese hinterfragen oder herausfordern.

Uns gefällt dabei der Gedanke, dass Gott dem Menschen von Anfang an gebietet, sich kein Bildnis von ihm zu schaffen, um sich nicht eindeutig referenzierbar zu machen. Er wusste, dass ein mögliches Abbild seiner Selbst immer unzulänglich sein und zu kurz kommen würde, weil es nicht möglich ist, ihn vollständig darzustellen. Dieser Gedanke prägt die Bilder dieses Buches. Auch wenn es für jedes von ihnen eine ursprüngliche Idee und eine Textinspiration gab, sind diese nicht die einzig richtige und mögliche Interpretation.

> Nimm die Bilder vielmehr als Anlass, in deine Gedanken- und Gefühlswelt einzutauchen, dir selbst und Gott Fragen zu stellen und auf die Suche nach möglichen Antworten zu gehen.

Und halte es aus, wenn du keine abschließende Antwort oder eindeutige Aussage in ihnen findest. Mit einer neuen Frage oder etwas Unverständnis abzuschließen, mag dich auch geistlich weiter führen als eine endgültige Antwort oder Geschichte hinter jedem Bild.

Fragen, die du dir beim Betrachten der Bilder zum Beispiel stellen kannst, wären: Welche Farben und unterschiedlichen Texturen sehe ich hier? Was drücken sie für mich aus? Welche Textaussagen werden hier aufgegriffen und verbildlicht? Welche Emotionen löst dieses Bild in mir aus? Wie werden die Worte des Textes durch dieses Bild weitergedacht oder in Frage gestellt? Was erzählt mir dieses Bild über mich? Was erzählt mir dieses Bild über Gott? An was erinnert mich dieses Bild? Bild und Text gemeinsam sollen dazu beitragen, dass dir die Gegenwart Gottes bewusst wird und du von ihm berührt wirst. Nimm dir die Zeit, dich von Gott auf verschiedenen Ebenen durch die Worte und Bilder ansprechen zu lassen und ihm dadurch vertrauter zu werden.

Natürlich ist auch unsere Beziehung zu Gott, wie jede andere Beziehung, von Höhen und Tiefen, Einklang und Missverständnissen oder vielleicht sogar Zeiten einer gefühlten Distanz oder Stille geprägt. Aber wir dürfen auch erleben, dass Gott in seiner großen Treue uns auch in dieser Spannung und in all unserer Menschlichkeit begegnet und dass seine Versprechen für uns gestern, heute und morgen gelten – unabhängig davon, wie wir uns gerade fühlen.

Dieses Buch ist eine Einladung, sich auf die Reise zu machen und ein anhaltendes Gespräch mit Gott zu beginnen.

Sieh das Gedruckte als Vorschlag, aber nicht als ein Pflichtprogramm. Es kann auch sein, dass Gott dich zu ganz anderen Gedanken führt und diese dann dein Herz bewegen. Ich bete jedenfalls, dass Gottes Wort mit Hilfe dieses Buches und durch das Wirken seines Geistes richtig lebendig für dich wird, und dass du am Ende dieser 30 Einheiten sagen kannst, dass du Jesu Stimme gehört hast und er dir vertrauter geworden ist. Ich wünsche dir viel Freude auf dieser Entdeckungsreise. Lass dich darauf ein, glaub uns, es lohnt sich!

Übersicht

DATUM

Eingeladen

Schöpfer des Himmels, Architekt unserer Erde
   Dirigent der Planeten
Wir sind nicht zu unbedeutend für dich
   Kenner der Herzen, Geist und Atem des Lebens
Regisseur der Geschichte
   Voller Liebe wartest du auf mich
Und lädst mich ein, an deinem Tisch zu sitzen
   Und auf dein Wort zu hören
   Und Tempel deines Geistes zu sein

Herr, du bist Licht und Leben
   Bei dir wird es nie Dunkel geben
Du bist die Tür und der Weg zur Ewigkeit
   Und ich sage Ja zu deinen Plänen
   Ich sage Ja zu deinen Wegen
Hier ist mein ganzes Leben, Herr, ich bin bereit
   Denn du bist der Gott, der bei mir bleibt

Heiler der Körper, aber auch Heiler der Seelen
   Den unsere Kämpfe selbst quälen
Du bist da in Freude und im Leid
   Guter Hirte, der auch das verirrte Schaf
   Nicht einfach sich selbst überlässt,
   Der uns niemals verlässt, sondern bleibt
Du lädst mich ein, mich wieder zu befrei'n
   Von dem, was mich zurückhält,
   Und von dir erfüllt zu sein

In Fülle und Leere, in Scham und Ehre
   In Klarheit und Nebel: Herr, du bleibst
Im Leben und Sterben, im Lachen und Weinen
   Im Säen und Ernten: Herr, du bleibst
Und lädst mich ein, alles abzulegen
   Du willst mir Frieden geben
   Und mein Halt im Leben sein

Herr, du bist Licht und Leben
   Bei dir wird es nie Dunkel geben
Du bist die Tür und der Weg zur Ewigkeit
   Und ich sage Ja zu deinen Plänen
   Ich sage Ja zu deinen Wegen
Hier ist mein ganzes Leben, Herr, ich bin bereit
   Denn du bist der Gott, der bei mir bleibt

Wozu möchtest du heute „Ja“ sagen in dem Wissen, dass Gott an deiner Seite ist und bleibt?

Gott, wozu lädst du mich ein: Ist es ein Gedanke, eine Haltung, eine Aufgabe?

„Ich will mich dem Herrn ganz zur Verfügung stellen, (...) alles soll so geschehen, wie du es mir gesagt hast.“ — Lukas 1,38

1 Ein Psalm Davids.
Der HERR ist mein Hirte, mir
wird nichts mangeln. 2 Er
weidet mich auf einer grünen
Aue und führet mich zum
frischen Wasser. 3 Er erquicket
meine Seele. Er führet mich
auf rechter Straße um seines
Namens willen. 4 Und ob ich schon
wanderte im finstern Tal, fürchte
ich kein Unglück; denn du bist bei
mir, dein Stecken und Stab
trösten mich. 5 Du bereitest vor
mir einen Tisch im Angesicht
meiner Feinde. Du salbest mein
Haupt mit Öl und schenkest mir
voll ein. 6 Gutes und Barm-
herzigkeit werden mir folgen
mein Leben lang, und
ich werde bleiben im Hause
des HERRN immerdar.

PSALM 23

Gott lädt dich ein, an seinem reich gedeckten Tisch Platz zu nehmen und Stärkung zu bekommen, Gemeinschaft mit ihm zu pflegen und dich furchtlos den Dingen zuzuwenden, zu denen er dich führt.

Derselbe

Vor dem Morgen kommt
Immer die Nacht
    Und nach dem Gipfel
    Wieder das Tal
Und obwohl es sich oft
Nicht so anfühlt, ist das normal

Auf den Sommer folgt der Herbst
    Und Heilung passiert,
    Wo es schmerzt
Und du sagst, alles hat seine Zeit,
Seinen Tag, seine Zahl

Du bist derselbe, gestern und heute
Und wirst es auch sein
    Umschließe mich mit deiner Liebe
    Hüll mich ganz ein
Deine Gegenwart ist für mich Leben,
Ist für mich Licht
    Und je mehr ich dich kenne,
    Desto mehr liebe ich dich

Du sagst, dass das Licht gewinnt
    Und dass du mich versorgst,
    Als dein Kind
Und dass deine Kraft
Meine Schwachheit erfüllt
Und durchdringt

Und du bist derselbe, gestern und heute
Und wirst es auch sein
    Umschließe mich mit deiner Liebe
    Hüll mich ganz ein
Deine Gegenwart ist für mich Leben,
Ist für mich Licht
    Und je mehr ich dich kenne,
    Desto mehr liebe ich dich

Je mehr ich dich kenne,
Desto mehr Liebe ich dich

Alle gute Gabe und alle vollkommene Gabe kommt von oben herab, von dem Vater des Lichts, bei dem keine Veränderung ist noch Wechsel von Licht und Finsternis. JAKOBUS 1,17

Hast du Gott als Konstante in deinem Leben erlebt – wenn ja, wie? Wofür liebst du ihn?

→ Gott, wie hast du mich bis hierher geführt?

Wo hast du mich geführt,
geleitet und bewahrt?

Auch wenn sich die Umstände deines Lebens verändern und du dich mal mit Herausforderungen, mal mit Freuden beschäftigst, darfst du dich auf die Güte Gottes, seine Versprechen und seinen Charakter verlassen.

Der Himmel so weit da oben
Meine Schritte so klein hier unten
    Vorbei an den Sternen,
    Den Sphären und Meeren
    Hast du mich gefunden

Du siehst, wohin ich laufe
Weißt besser als ich, was ich brauche
    Bei all dem Wirren und Weiterirren
    Siehst du, was ich suche

Heller als die Sonne
Und tiefer als das Meer
    Ist deine Liebe, Vater,
    Deine Treue, Herr,
Wärmer als die Sonne
Und weiter als das Meer
    Ist deine Freundlichkeit,
    Ich finde Schutz bei dir
Mein sich'rer Ort
Mein starker Halt

Mit dir geht es immer weiter
Mit dir werde ich nicht scheitern
    Bei all dem Wagen,
    Verzagen und Fragen
    Bleibst du an meiner Seite

Heller als die Sonne
Und tiefer als das Meer
    Ist deine Liebe, Vater,
    Deine Treue, Herr,
Wärmer als die Sonne
Ist deine Freundlichkeit,
Ich finde Schutz bei dir
    Mein sich'rer Ort
    Mein starker Halt

Schöner als der Frühling
Und stärker als der Tod
    Durch alle Lebensphasen
    Trägst du mich, mein Gott
Mein sich'rer Ort
Mein starker Halt

Starker Halt

1 Herr, du erforschst mich und kennst
mich ganz genau, (...) 3 mit all meinen
Wegen bist du vertraut. (...) 23 erkenne, was
in meinem Herzen vor sich geht; prüfe
mich und erkenne meine Gedanken!
24 Sieh, ob ich einen Weg eingeschlagen
habe, der mich von dir wegführen würde,
und leite mich auf dem Weg, der ewig
Bestand hat. PSALM 139,1+3+23+24 (NGÜ)

Sind deine Gedanken vernebelt?
Fühlst du dich von dir selbst oder
anderen unverstanden?

Was macht dich unsicher,
was verwirrt dich?

Gott, was sagst du dazu?
Wie möchtest du mir zeigen, dass
du mein sicherer Halt bist?

Finde Trost darin, dass dein Schöpfer deine Gedanken kennt, dich versteht und dir die Klarheit schenken kann, die du für deine Situation brauchst. Und da, wo dich eine innere Unruhe beengt, hat er die Kraft, Frieden und Ruhe in dein Leben zu sprechen.

DAS GEHEIMNIS DER ZUFRIEDENHEIT

1 (...) HERR, ich bin nicht
hochmütig und schaue nicht auf
andere herab. Ich strecke mich
nicht nach Dingen aus, die doch
viel zu hoch für mich sind.
2 Ich bin zur Ruhe gekommen,
mein Herz ist zufrieden und still.
Wie ein kleines Kind in den
Armen seiner Mutter, so ruhig
und geborgen bin ich bei dir!
3 Volk Israel, setze deine Hoffnung
auf den HERRN, jetzt und für
alle Zeiten!

PSALM 131

Frei

Ich hänge fest
In dem, was einmal war
    Dabei bin ich noch gar nicht so alt
    Und das war alles gar nicht so klar
Und ich denk drüber nach
Wie alles hätte laufen können
    Dabei kann ich doch eh nie mehr zurück
    Egal wie viele Optionen ich nenne

Sprich mich davon frei
    Du willst mit mir vorwärts geh'n
Und ich bin dabei
Zieh mich zu dir hin
    Damit ich mir selbst
    Und deinem Tun in meinem Leben
    Nicht im Wege bin

Es geht immer weiter
Unaufhaltbar fließt die Zeit
    Und es passieren Verletzungen und Fehler
    Aber ich bin für Heilung bereit
Du weißt, wo ich stehe
Und auch, was noch vor mir liegt
    Und trotz meiner Zerbrochenheit und Schuld
    Bin ich getragen und geliebt

Und du sprichst mich frei
    Du willst mit mir vorwärts geh'n
Und ich bin dabei
Zieh mich zu dir hin
    Damit ich mir selbst
    Und deinem Tun in meinem Leben
    Nicht im Wege bin

Was ist ein Gedanke / eine Erinnerung / ein Versäumnis, wovon du dich irgendwie nicht lösen kannst; wozu kehrst du gedanklich immer wieder ungewollt zurück?

Durch Christus sind wir frei geworden, damit wir als Befreite leben. GALATER 5,1

Gott, wie möchtest du heute Freiheit / Vergebung / Heilung neu in meinem Leben wirksam werden lassen?

Je länger wir leben, desto mehr Zerbrochenheit erleben wir in dieser Welt. Aber als Kinder Gottes hat Gott uns von der Last unserer eigenen Zerbrochenheit befreit, indem er sie auf Jesus legte. Jesus starb nicht nur für unsere Schuld, sondern auch für unser Leid, unsere Scham und unsere Schmerzen, und wenn wir unseren Schmerz, in dem Moment, wenn eine Wunde wieder aufgeht, direkt zu ihm bringen, dürfen wir von seiner Last befreit weitergehen (vgl. Jesaja 53).

In dir

Wer bin ich ohne den, der mich gemacht hat,
Der mich kennt?
    Wie könnt' ich leben ohne den,
    Der mich, beim Namen nennt?
Wo geht das Leben hin,
Wenn nicht zu dem, der mich erschuf,
    Der unablässig voller Liebe mich zu sich ruft?

Wie sollt' ich Leben leben,
Ohne den, der Leben gibt,
    Der mir die gleichen Fehler
    Immer wieder neu vergibt?
Ich wüsst' nicht weiter ohne den,
Der meine Wege lenkt
    Und der mich jeden Morgen
    Wieder unverdient beschenkt

Du willst mir wieder Leben geben
    Ich atme auf
    Ich atme auf in dir
Und all mein Mühen, all mein Streben
    Es hat nur Sinn
    Es hat nur Sinn in dir

Ich will mit allem, was ich hab' und bin,
Dein eigen sein
    Die wahre Liebe meines Lebens
    Bist nur du allein
Und selbst wenn alle mich verlassen,
Stehst du doch zu mir
    Und dann am letzten meiner Tage gehe ich zu dir

Seht doch, welche Liebe der Vater uns erwiesen hat: Wir sollen seine Kinder heißen – und wir sind es tatsächlich.

1. JOHANNES 3,1

Manchmal müssen wir zum Wesentlichen zurückkommen und uns daran erinnern, wer wir in Christus vor Gott sind. Gott, welche Bedeutung und welche Identität gibst du mir und meinem Leben in deinem Wort und durch Jesus?

Wo habe ich mir selbst in letzter Zeit Druck gemacht und versucht, mich vor dir, anderen oder auch mir selbst zu beweisen?

Gott hat uns von einem Leben in der Ungewissheit darüber, wer wir sind und wohin wir gehen, befreit und herausgerufen, zu Menschen zu werden mit einer festen Identität in Christus. Unabhängig von deiner Leistung und deinem Einfluss hat Gott in dem Moment, als Christus für dich starb, deinen unerschöpflichen Wert und seine unendliche Liebe zu dir bewiesen (vgl. Galater 2,19–21).

Like a River

Who am I that you would
choose to use me?
Who am I to know and
hear your voice?
Who am I that you
would dwell within me?
Who am I but clay
within your hands?

Love flows like a river,
like a river
Like a river through me
Love flows like a river
through my life
Mercy streams from heaven,
streams from heaven
Streams from heaven reach me
Mercy streams from heaven
reach my heart

You're the one who
satisfies my hunger
You're the one who
knows me deep inside
You're the one who
has the power to change me
And you are here,
your arms are open wide

Love flows like a river,
like a river
Like a river through me
Love flows like a river
through my life
Mercy streams from heaven,
streams from heaven
Streams from heaven reach me
Mercy streams from heaven
reach my heart

You make me humble,
you make me humble,
you make me humble
as I stand in awe of you

Denn der Herr freut sich über sein Volk; er krönt die Demütigen mit seiner Hilfe.

PSALM 149,4 NL

Welche Dinge in deinem Leben wären ohne Gottes Wohlwollen nie möglich gewesen?

Was hat dich in letzter Zeit demütig gemacht und in dir eine neue Ehrfurcht vor Gott ausgelöst?

Inwiefern kann dein Stolz dich davon abhalten, mehr von Gott zu erleben?

Was hörst du Gott dazu sagen?

Mein Kind, ...

Die Bibel spricht viel über Demut und Stolz. Immer wieder zeigt sie uns, dass Gott aus dem Leben stolzer Menschen nichts Großartiges hervorbringen wird. Irgendwie ist es Ironie, dass wir Menschen uns trotzdem so viel auf uns selbst einbilden. Wenn wir selbst feststellen, dass wir immer wieder dazu neigen, in ungesunder Weise stolz zu werden, kann es uns helfen, uns gedanklich immer wieder zu den Dingen zurückzuführen, die uns demütig machen und wieder auf den Boden der Tatsachen bringen (vgl. Jeremia 9,23–24).

Alles, was lebt

Du kennst die Zahl der Sterne,
Du malst den Horizont und
Du siehst mich, du hörst mich, du liebst mich

Du weißt, wohin der Wind weht
Was bleibt und was vergeht
Du warst und du bist und du kommst

Alles, was lebt, soll deinen Namen loben,
Soll deinen Namen preisen, Vater,
Denn du bist groß
Und alles im Himmel und auf Erden
Soll deinen Namen, Herr, erheben
Keiner ist wie du, keiner ist wie du

Tausend Jahre sind wie ein Moment vor dir
Und wer bin ich vor deiner Herrlichkeit?
Nur ein Staubkorn, das der Wind davonweht
Und doch hältst du dein Reich für mich bereit!

Du kennst die Zahl der Sterne,
Du malst den Horizont und
Du siehst mich, du hörst mich, du liebst mich

Du weißt, wohin der Wind weht
Was bleibt und was vergeht
Du warst und du bist und du kommst

33 Wie groß ist doch Gott! Wie unendlich
sein Reichtum, seine Weisheit, wie tief
seine Gedanken! Wie unbegreiflich für
uns seine Entscheidungen und wie undurch-
dringlich seine Pläne! 34 Denn wer kann
Gottes Absichten erkennen? Oder wer
hat ihn je beraten? 35 Wer hat Gott jemals
etwas gegeben, das er nun von ihm zu-
rückfordern könnte? 36 Denn alles kommt
von ihm, alles lebt durch ihn, alles voll-
endet sich in ihm. Ihm gebühren Lob und
Ehre in alle Ewigkeit! Amen. RÖMER 11,33–36

Wir können Gott nie ganz begreifen. Manchmal leben wir lange mit einem festgesetzten Verständnis von ihm. Sei offen dafür, mehr und Neues von und an Gott kennenzulernen und einen Lebensstil zu entwickeln, der von Entdeckungsfreude und Anbetung gekennzeichnet ist (vgl. Römer 11,33–36).

Was bedeutet es für dich, dass du „von Gott kommst“, durch ihn lebst und in ihm deine Vollendung findest?

Welche Seiten seines Wesens und welche seiner Eigenschaften möchtest du noch besser kennenlernen?

Heiland

Wenn ich keine Worte finde, um zu sagen, was ich fühle
Wenn ein Riss durch meine Seele geht
Wenn die gleichen Gedanken sich in meinem Kopf verankern
Und ich mit offenen Augen ins Dunkel seh
Dann brauche ich dich als meinen Heiland

Heiland
Lass deine heilende Hand mein Herz berühr'n
Meine Seele deine Gegenwart spühr'n

Tröster
In meiner dunkelsten Nacht verlässt du mich nicht
Und wenn der Morgen endlich wieder anbricht
Bist du immer noch da

Wenn ich mich alleine fühle mit den Gefühlen in mir drin
Und ich wie durch einen Schleier alles seh
Erfüll mich mit der Kraft für den nächsten Schritt
Und dem Wissen, du gehst jeden Schritt mit
Und trag mich aus dem Tal wieder ins Licht

Du bist meine Hoffnung, meine Zuversicht.

Hast du in letzter Zeit Traurigkeit oder das schmerzliche Gefühl von Verlust gespürt? Sehnst du dich nach Gottes Heilung in deinem Leben?

37 Aber dennoch: Mitten im Leid
triumphieren wir über all dies
durch Christus, der uns so geliebt
hat. 38 Denn ich bin ganz sicher:
Weder Tod noch Leben, weder
Engel noch Dämonen, weder
Gegenwärtiges noch Zukünftiges
noch irgendwelche Gewalten,
39 weder Hohes noch Tiefes oder
sonst irgendetwas auf der Welt
können uns von der Liebe Gottes
trennen, die er uns in Jesus
Christus, unserem Herrn, schenkt.

RÖMER 8,37–39

Hast du ihn schon als deinen persönlichen Heiland erlebt? Wenn es dir schwer fällt, deine Gefühle in Worte zu packen, kannst du sie hier auch einfach malen, Gott versteht auch diese Art des Gebets.

Gott sieht dich und deine wunden Punkte! Jeder von uns braucht Heilung. Die Bitte um Heilung ist immer auch ein Eingeständnis dessen, dass wir Gott nicht nur in unserem Leben haben wollen, sondern ihn tatsächlich brauchen. Er tut nichts lieber, als sich um uns und unsere Zerbrochenheit zu kümmern, und er hält dein Morgen schon heute in seiner Hand (vgl. Jesaja 41,10–14; Psalm 3, 4–5).

Deine Güte

Ich will mich nicht sorgen
Wegen etwas, das morgen passieren könnte
Ich werd' mich nicht sorgen

Ich bin geborgen
Egal, was morgen passieren könnte
Ich bin umgeben von deiner Liebe, Herr

Mein Leben lang wird
Deine Güte mich begleiten
Und deine Gnade mir vorauseil'n
Wohin ich auch geh
Und sollte der Boden
Meinen Füßen mal entgleiten
Wirst du mich halten
Und wirst mich tragen
Bis ich wieder steh'

Ich hab' nicht die Lösung
Für all den Schmerz in dieser Welt
Ich hab' nicht die Lösung

Und doch kann ich ruhen
In deinen Versprechen, Herr
Ich komme zur Ruhe und du gibst mir deine Kraft

Vater, du schläfst und schlummerst nicht
Und das ist meine Zuversicht
Vater, du schläfst und schlummerst nicht
Und an diesem Versprechen halt ich mich
Vater, du schläfst und schlummerst nicht
Und du hältst, was du versprichst

22 Die Güte des Herrn hat kein Ende,
sein Erbarmen hört niemals auf, 23 es ist
jeden Morgen neu! Groß ist deine Treue,
o Herr! 24 Darum setze ich meine
Hoffnung auf ihn, der HERR ist alles,
was ich brauche. 25 Denn der HERR
ist gut zu dem, der ihm vertraut und
ihn von ganzem Herzen sucht.

KLAGELIEDER 3,22–25

Was verstehst du unter Güte?

Was empfindest du, wenn du darüber nachdenkst, dass Gottes Güte dich durch dein Leben begleitet?

Was hat Gottes Güte mit deiner Hoffnung und deinem Vertrauen auf ihn zu tun?

Ein dankbares Herz sieht Gottes Güte. Dass Gottes Güte uns ein Leben lang begleitet, bedeutet allerdings nicht, dass sich unser Leben und unsere Umstände immer „gut“ anfühlen müssen oder sind. Es bedeutet, dass uns in allem und trotz mancher Umstände seine Güte nicht verlässt. Es bedeutet, dass Gott zu dir hält. Er hält dich. Er schenkt in allen Lebenslagen Gutes. Und für den, der das glaubt, wird das auch sichtbar (vgl. Psalm 34,1–8).

Everybody is loved
Everybody is called
And you are going after the lost
So they might be found

Everybody needs to know
But how can they if we don't go
And how can we if we're not sent
But you are sending us out

So set a fire in our hearts
Purify us and set us apart
Multiply us till the whole earth is
Filled with your children God

We are waiting
For your kingdom to come
We are praying
For your will to be done
On earth as in heaven
May your church be one
Until the whole world knows:
You are God alone

Everybody is welcome
Everybody is uniquely crafted by you
And your heart breaks for the hungry,
The broken, the needy, the poor

One day everyone will know
That Jesus you are Lord
Of heaven and earth
And with one voice we will worship
The lamb who sits on the throne

We are waiting
For your kingdom to come
We are praying
For your will to be done
On earth as in heaven
May your church be one
Until the whole world knows:
You are God alone

Your Kingdom Come

Wenn wir darum bitten, dass Gottes Reich komme, dann müssen wir auch erkennen, dass es auch wir sind, durch die es kommen wird. Auf der anderen Seite scheint das Reich Gottes auch etwas zu sein, das sich nicht nur um uns herum, sondern auch in uns ausbreiten kann. Lass dich heute mal ganz bewusst auf die Entdeckungsreise nach dem Reich Gottes ein (vgl. Matthäus 13,1–51).

Was ist das Reich Gottes? Wo siehst du sein Reich in deinem Leben und Alltag aufbrechen?

Was bedeutet es für dich ganz persönlich, wenn wir beten „dein Reich komme, wie im Himmel so auf Erden“ – worum bitten wir da eigentlich?

Jesus, wie sieht dein Reich aus?

Ihnen sollt ihr diese Botschaft bringen: Gottes himmlisches Reich ist nahe. MATTHÄUS 10,7

Danke

Herr, so oft komme ich mit Bitten
Für alles was mir groß und wichtig scheint
Ich glaub' zu wissen, was das Beste ist
Dabei siehst du mein ganzes Leben, meine ganze Zeit

Doch langsam lern ich zu vertrauen
Und wenn ich sinke, zu dir aufzuschauen
Ich weiß, dass jeder Tag mit dir sich lohnt
Du bist der Töpfer und ich bin der Ton

Ich will dir einfach Danke sagen
Für die Antworten auf meine Fragen
Dafür, dass ich dir vertrauen kann
Trotz meiner Fehler nimmst du mich in Liebe an
Für deine Spur in meinem Leben
Für dein bedingungsloses Geben
Für Vergebung, jeden Neubeginn
Danke, dass ich dir so wichtig bin

Herr, so oft komme ich mit Klagen
Und beschuldigenden Fragen
So vieles sehe ich als ungerecht
Was du gebrauchen willst, seh' ich als schlecht
Und doch weiß ich, Herr, mit Sicherheit
Deine Liebe bleibt in Ewigkeit
Und dass du für mich einen Plan hast
Und auch, dass du nie einen Fehler machst

Deshalb will ich einfach Danke sagen
Für die Antworten auf meine Fragen
Dafür, dass ich dir vertrauen kann
Trotz meiner Fehler nimmst du mich in Liebe an
Danke für deine Spur in meinem Leben

Für dein bedingungsloses Geben
Für Vergebung, jeden Neubeginn
Danke, dass ich dir so wichtig bin

4 Herr, ich will dir danken
vor den Völkern, vor allen
Menschen will ich dir
singen. 5 Groß ist deine Güte,
sie reicht über den Himmel
hinaus! Und wohin die
Wolken auch ziehen:
Überall ist deine Treue.

PSALM 108,4–5

Immer wieder lesen wir in der Bibel die Aufforderung, in allen Umständen voller Freude und Dankbarkeit zu sein. Das mag auf den ersten Blick paradox und nicht authentisch erscheinen, aber mit Dankbarkeit hat Gott uns ein Geschenk gegeben, das uns hilft, selbst einen dunklen Tag aufzuhellen und wieder neuen Mut zu schöpfen. Fordere dich selbst heraus, dich darin zu üben, Gott mit Dankbarkeit zu begegnen, denn das ehrt nicht nur ihn, sondern tut auch dir gut (vgl. Philipper 4,4–9).

Wofür möchtest du Gott heute danken? Selbst, wenn unsere Umstände uns manchmal wenig freudig erscheinen, gibt es doch so viel Grund für Lobpreis: Wofür möchtest du Gott preisen? Du kannst die Dinge, die dir in den Sinn kommen, auch bildlich darstellen.

Gott, zeig mir die Dinge, für die ich dir danken und für die ich dich preisen kann, wenn ich sie gerade nicht sehen kann.

Ein neuer Tag liegt hier vor mir
Ich leb' so vor mich hin
    Obwohl ich doch von dir
    Zum „Anderssein" berufen bin
Die unberührten Stunden
Leg ich in deine Hand hinein
    Ich will Gelegenheiten sehn
    Ich will dein Diener sein

Ich will dich immer im Blick behalten
Immer dich vor Augen sehn
    Jeden neuen Tag, jede Stunde
    Mit dir durchleben, mit dir geh'n
Du sollst immer mein Ziel bleiben
    Ich lebe zu dir hin
Weil du ein Teil von mir bist
Und ich ein Teil von dir bin

So oft verlier ich dich aus den Augen
Die Wellen schlagen auf mich ein
    So vieles lenkt mich ab
    Doch immer wieder greifst du ein
Du ziehst mich aus dem Chaos
In deine Nähe, Herr
    Ohne dich in meinem Fokus
    Bleibt alles Wirken stumm und leer

In deiner Nähe will ich sein
In deiner Nähe will ich leben
In deiner Nähe will ich sein
Nur du kannst mir Erfüllung geben

Ich will dich immer im Blick behalten
Immer dich vor Augen sehn
    Jeden neuen Tag, jede Stunde
    Mit dir durchleben, mit dir geh'n
Du sollst immer mein Ziel bleiben
    Ich lebe zu dir hin
Weil du ein Teil von mir bist
Und ich ein Teil von dir bin

Im Blick

Andere Menschen gleichen dem von Dornengestrüpp überwucherten Boden: Sie hören die Botschaft zwar, doch dann kommen die Sorgen des Alltags, die Verführungen durch den Wohlstand und die Vergnügungen des Lebens und ersticken Gottes Botschaft, so dass keine Frucht daraus entstehen kann. LUKAS 8,14

Gott, was muss ich loslassen, um mich wieder ganz auf dich ausrichten zu können?

Was bekommt deine meiste Aufmerksamkeit und was nimmt deine Gedanken ein?

Was lenkt dich zur Zeit von Gottes Gegenwart ab?

Richte dich wieder neu auf das Ziel deines Lebens und damit auch deines Tages aus. Gott möchte dir die Kraft schenken, deinen eigenen Willen und deine Gedanken zu kontrollieren und zu fokussieren wie ein Läufer, der sein Ziel fest vor Augen hat (vgl. 1.Korinther 9,26–27).

Zurück

So vieles lässt mich nicht mehr los
Kleinigkeiten werden plötzlich groß
Und du ganz klein
Ich irre Dingen nach, die man mir sagt
Ich glaube Lügen und ich hinterfrag'
Dabei nur dich

Meine kreisenden Gedanken
Zieh'n mich weg von dir
Bis ich nicht mehr weiterkomme
Und ich fühl in mir:

Du ziehst mich immer wieder zu dir zurück,
Ich spüre, nur bei dir finde ich mein Glück
Und alles, was mich füllt, wird ganz klein vor dir
Ich merke, ich leb nicht nur von Brot allein
Du willst für mich viel mehr als Nahrung sein
Was ich so verzweifelt suche, ruht in dir allein.

Wahres Leben ist in dir
Lebensfreude schenkst du mir
Wenn ich zu dir komm
Hilf mir, zu glauben und dir zu vertrau'n
Wenn Angst sich breitmacht, zu dir aufzuschau'n
Sei du mir alles, Herr

Hilf mir, neuen Mut zu schöpfen
Herr, ich brauche dich
Diese Leere in mir
Die wird nur gefüllt durch dich

Du ziehst mich immer wieder zu dir zurück,
Ich spüre, nur bei dir finde ich mein Glück
Und alles, was mich füllt, wird ganz klein vor dir
Ich lasse alles fallen, ich lasse los
Deine wunderbare Gnade ist grenzenlos
Deine Liebe hüllt mich ein
Ich will immer bei dir sein

Woran fehlt es dir gerade? Wo hast du dein Glück gesucht, aber nicht gefunden?

Gott, was möchtest du mir heute sagen?

„Sucht die Nähe Gottes, dann wird er euch nahe sein. Wascht die Schuld von euren Händen, ihr Sünder, und gebt euch Gott von ganzem Herzen hin, ihr Unentschiedenen.“ — Jakobus 4,8

21 Als ich verbittert war und mich vor
Kummer verzehrte, 22 da war ich dumm
wie ein Stück Vieh, ich hatte nichts
begriffen. 23 Jetzt aber bleibe ich immer
bei dir, und du hältst mich bei der Hand.
24 Du führst mich nach deinem Plan und
nimmst mich am Ende in Ehren auf.
25 Herr, wenn ich nur dich habe, bedeuten
Himmel und Erde mir nichts. 26 Selbst
wenn meine Kräfte schwinden und ich
umkomme, so bist du, Gott, doch allezeit
meine Stärke – ja, du bist alles, was
ich brauche! PSALM 73,21–26

Unser größtes Problem sind so oft wir selbst und unsere Gedanken, denen wir es erlauben, immer nur um uns selbst zu kreisen, als seien wir der Mittelpunkt des Universums. Aber Gott gehört in den Mittelpunkt unseres Lebens. Und immer dann, wenn er das auch sein darf, kommen wir innerlich mehr zur Ruhe (vgl. Psalm 73,21–28).

The Sweetest Thing

My heart is full of praise for you, my God
For you have blessed me beyond measure
And your light runs like a flood
Through my life

And still the sweetest thing
The sweetest thing
Is your forgiveness

Oh, how I need it
I forget sometimes how much I need it
Until I'm drowning in my self-made misery
And you stretch out your hand to me
So tirelessly

So, with this song I'll sing
Of the sweetest thing
Your forgiveness

Your cross pulls me out of my lostness,
And self-centeredness and sin
So, your forgiveness will forever be
The sweetest thing to me

Wann hast du dir das letzte Mal Zeit genommen,
Gott deine Schuld und Laster zu bekennen?

Kann es sein, dass das,
was dich davon abhält,
Gott wieder so frei, tief und
unbeschwert zu begegnen,
wie du es dir wünschst,
unbekannte Schuld ist?

Wenn wir aber unsere Sünden bekennen, dann erweist sich Gott als treu und gerecht: Er wird unsere Sünden vergeben und uns von allem Bösen reinigen. 1. JOHANNES 1,9

Gott, ich bitte um Vergebung für ...

Bei unserer ersten Entscheidung für Jesus fällt das Gewicht unserer Schuld oft wie eine schwere Last von uns ab. Doch mit der Zeit tendieren wir dazu, selbstgerechter und selbstgefälliger zu werden und haben möglicherweise gar nicht mehr so oft das Bedürfnis, immer wieder neu Vergebung von Gott zu empfangen und uns von seiner Gnade reinwaschen zu lassen. Dabei können wir uns unbewusst und ungewollt von Gott entfernen. Schaffe in deinem Leben deshalb am besten einen „Rhythmus der Vergebung", indem du dir immer wieder bewusst Zeit nimmst, dein Leben vor Gott wieder ins Reine zu bringen. Du wirst merken, wie viel Freiheit, Demut und Freude damit in dein Leben kommen wird (vgl. 1. Johannes 1,5–2,6).

Gewagtes Gebet

Ich bin eine junge Frau
In einem guten Land gebor'n
Von dir geliebt und freigekauft,
Zu neuem Leben auserkor'n
Und ich habe viele Gaben
Habe Bildung, habe Mut
Und ich weiß, was ich nicht kann,
Doch and're Dinge kann ich gut

Und ich will es alles,
Leben in Fülle, nicht nur oberflächlich
Sondern tief, tief drinnen
Aus deinem Reichtum
Überschütte mich, Herr!
Du sagst wir soll'n um alles bitten,
Deshalb steh ich hier
Und bitte dich um mehr

Ich bin eine junge Frau
Voller Unsicherheit
Wurde schon so tief verletzt,
Aber auch von dir geheilt
Und ich habe viele Schwächen,
Steck in alten Fehlern fest,
Aber ich will mich dir geben
Und du machst dann den Rest

Denn: Ich will es alles,
Leben in Fülle, nicht nur oberflächlich
Sondern tief, tief drinnen
Aus deinem Reichtum
Überschütte mich, Herr!
Du sagst wir soll'n um alles bitten,
Deshalb steh ich hier
Und bitte dich um mehr

Mehr Einfluss, mehr Kraft,
Mehr Autorität,
Die auf deiner Wahrheit
Und deinem Wort steht
Mehr Liebe, mehr Güte,
Mehr Weisheit, mehr Geist
Ich weiß nicht, wohin die Reise geht,
Aber hier ist mein gewagtes Gebet

Jabez betete zum Gott Israels und rief: „Bitte segne mich doch und erweitere mein Gebiet! Steh mir bei mit deiner Kraft und bewahre mich vor Unglück! Kein Leid möge mich treffen!" und Gott erhörte sein Gebet. 1. CHRONIK 4,10

Wenn du ganz ohne Vorbehalte um ein Einflussgebiet oder einen großen Erfolg in deinem Leben beten könntest, was wäre es? Was hält dich davon ab, Gott um die Erfüllung deiner kühnsten Träume zu bitten?

Wie sieht dein gewagtes Gebet aus? Du kannst es hier ausformulieren oder deine Gebetsanliegen auch in einem Bild ausdrücken, das dir deine kühnsten Träume dann buchstäblich „vor Augen malt“.

Wir wissen, dass wir als Kinder und Erben Gottes Zugang zu seinem unermesslichen Reichtum haben und dass er uns gern beschenkt. Wir wissen auch, dass Gott aus jedem kleinen Leben, das ihm anvertraut wird, etwas Großartiges machen kann und möchte. Und das gilt auch für dein Leben (vgl. Römer 11,33–36; Kolosser 2,3; Johannes 14,13).

Himmel und Erde, Wasser und Land
Tiere und Vögel, Luft, Erde, Sand
Hast du geschaffen mit einem Wort
Und dann betrachtet und es war gut

Unser'n blauen Planet',
Der sich um die Sonne dreht
Und auf dem wir ins Blaue hineinleben,
  Den hast du dir ausgedacht,
  Unfassbar kreativ gemacht
  Und dann liebevoll in uns're Hand gegeben
Vergib uns bitte uns're Gier
Auf deiner wunderschönen Erde, Herr

Du schufst das Meer,
Und wir das Immer-immer-Mehr
  Und so nimmt sich jeder,
  Was er kriegen kann
Schaust du dir das jetzt auch noch alles an?
  Tut es dir weh, Herr?
  Was haben wir getan!

Unser'n blauen Planet',
Der sich um die Sonne dreht
Und auf dem wir ins Blaue hineinleben,
  Den hast du dir ausgedacht,
  Unfassbar kreativ gemacht
  Und dann liebevoll in uns're Hand gegeben
Vergib uns bitte uns're Gier
Auf deiner wunderschönen Erde, Herr

Du schaffst auch wieder eine neue Welt,
  Aber bist noch immer Herr
  Von unserm Himmelszelt
Mach mich zum guten Verwalter deiner Welt
Weil sie nicht nur dir, sondern auch mir gefällt

Auf deinem blauen Planet',
Der sich um die Sonne dreht
  Will ich nicht mehr ins Blaue hineinleben
Denn den hast du dir ausgedacht,
Und uns zu Fürsorgern gemacht
Und uns Verantwortung für diese Welt gegeben
  Vergib uns bitte uns're Gier
  Auf deiner wunderschönen Erde, Herr

Blauer Planet

Dem Herrn gehört die ganze Welt, und alles, was auf ihr lebt. PSALM 24,1

Für welche „selbstverständlichen“ Dinge deines Lebens möchtest du Gott heute Danke sagen?

Gibt es Bereiche in deinem Leben, in denen du unachtsam und verschwenderisch mit seinen Gaben und seiner Schöpfung umgehst?

Gott, wo möchtest du mich in meinem
Verhalten korrigieren?

Diese Erde gehört Gott, auch wenn wir uns oft so verhalten, als wäre sie unser Eigentum. Gott mit unserem Leben zu ehren bedeutet, auch mit dem, was sein ist, respektvoll umzugehen. Gott möchte uns an seiner Liebe zu seiner Schöpfung teilhaben lassen und er möchte uns sich selbst durch sie zeigen (vgl. Römer 1, 20–23).

Halte mich

Schön bist du, Herr
Jeden Tag sehe ich mehr
Von deinem Wesen

Gnädig und gut
Wer kann so lieben, wie du
Es jeden Tag tust

In deiner Nähe will ich bleiben
Deine Nähe gibt mir Kraft
In deiner Nähe find ich Hoffnung
Die in mir neues Leben schafft

Deshalb halt mich,
Halt mich bei dir
Halt mich,
Halt mich bei dir

Wie würdest du das Gefühl, Gott nahe zu sein, beschreiben?
Was macht das Bewusstsein der Nähe Gottes mit dir?

Wie möchtest du seine Nähe
noch mehr suchen?

Gott, wie fühlt es sich für dich
an, mir nahe zu sein?

„Sucht den Herrn und seine Macht, sucht seine Gegenwart alle Zeit" — 1. Chronik 16,11

1 Von David. Der HERR ist mein Licht, er rettet mich. Vor wem
sollte ich mich noch fürchten? Bei ihm bin ich geborgen wie
in einer Burg. Vor wem sollte ich noch zittern und zagen? 2 Wenn
mich gewissenlose Leute in die Enge treiben und mir nach dem
Leben trachten, wenn sie mich bedrängen und mich offen an-
feinden – am Ende sind sie es, die stürzen und umkommen!
3 Selbst wenn eine ganze Armee gegen mich aufmarschiert, habe
ich dennoch keine Angst. Auch wenn sie einen Krieg gegen mich
beginnen, bleibe ich ruhig und zuversichtlich. 4 Um eines habe
ich den HERRN gebeten; das ist alles, was ich will: Solange ich
lebe, möchte ich im Haus des HERRN bleiben. Dort will ich
erfahren, wie freundlich der HERR ist, und still nachdenken in
seinem Tempel. 5 Er bietet mir Schutz in schwerer Zeit und ver-
steckt mich in seinem Zelt. Er stellt mich auf einen hohen Felsen,
6 unerreichbar für meine Feinde ringsumher. In seinem Heilig-
tum will ich Opfer darbringen, voll Freude für den HERRN
singen und musizieren. 7 Höre mich, HERR, wenn ich rufe! Hab
Erbarmen mit mir und antworte! 8 Ich erinnere mich, dass
du gesagt hast: »Sucht meine Nähe!« Das will ich jetzt tun und
im Gebet zu dir kommen. 9 Verbirg dich darum nicht vor mir,
stoße mich nicht im Zorn zurück! Ich diene dir, und du hast mir
bisher immer geholfen. Gib mich nicht auf, verlass mich nicht,
du mein Gott und mein Retter! 10 Selbst wenn Vater und Mutter
mich verstoßen, nimmst du, HERR, mich dennoch auf. 11 Zeige
mir, was ich tun soll! Führe mich auf sicherem Weg, meinen
Feinden zum Trotz. 12 Liefere mich nicht ihrer Rachgier aus!
Falsche Zeugen verklagen mich, sie speien Gift und Galle.
13 Ich aber bin gewiss, dass ich am Leben bleibe und sehen werde,
wie gut es Gott mit mir meint. 14 Vertraue auf den HERRN! Sei
stark und mutig, vertraue auf den HERRN! PSALM 27

Die Wahrheit ist, dass Gott uns selbst in den Momenten, in denen wir uns fern von ihm fühlen, nicht näher sein könnte, als er es ist. Durch seinen Geist lebt er sogar in uns. Trotzdem liegt es an uns, von seiner Gegenwart in unserem Leben auch „Gebrauch zu machen“ und unsere Gedanken und Taten immer wieder auf ihn auszurichten.

Your Faithfulness

With every sunrise
Your mercies are new
And when the sun sets
Your promises stay true
As I see the sky spread
Its wings above my head
I stop all my worries
And worship you instead

And I will lean on your faithfulness
Where my understanding ends
You are still limitless
And just as the sky spreads
Its wings across my head
Your presence surrounds me
And your goodness never ends

Treu ist er, der euch ruft, er wird's auch tun.

1. THESSALONICHER 5,24; LU

Wie würdest du Treue beschreiben?
Was bedeutet es für dein Leben, dass
Gott dir treu ist?

Gott, wo fällt es mir noch schwer, mich ganz auf deine Treue zu verlassen? Wie kann ich lernen, dir mehr zu vertrauen?

Treue ist eine der ganz besonderen Eigenschaften Gottes, auch wenn Treue etwas ist, das man manchmal kaum bemerkt, weil man es nur schwer an etwas festmachen kann – bis sie einmal gebrochen wurde. Sobald jemand untreu wird oder sich als untreu erweist, kommt es zu einem verletzten Vertrauen und dem Gefühl, betrogen oder getäuscht worden zu sein. Über solche Gefühle müssen wir uns in der Beziehung mit Gott eigentlich keine Sorgen machen. Er ist treu. Das entspricht seiner Natur. Deshalb freut er sich, wenn wir ihm unser Vertrauen schenken – und das dürfen wir ganz ohne Vorbehalte tun (vgl. Psalm 40,1–12).

Deine Hand über mir

Du bist
Mein festes Fundament im Sturm
Mein Schutz und Schild im Kampf
Du bist
Die Burg, in der ich Zuflucht such'
Wenn ich nicht weiterkann

Wie eine Henne ihre Flügel
Schützend über ihre Küken legt
So umgibst du mich mit Liebe
Und gibst mir Schutz und Sicherheit

Du hältst deine Hand über mir,
Hältst deine Hand über mir,
Hältst deine Hand über mir

Du bist
Mein Schirm, wenn alles um mich tobt
Und mein Schatten, wenn die Sonne sticht
Wie oft
Hab ich schon deinen Schutz erlebt
Und wie oft wusst' ich dabei nicht

Dass du
Wie eine Henne ihre Flügel
Deinen Schutz auch auf mich legst
Und mit mir jeden meiner Schritte gehst
Und mich bewahrt hast und mich trägst

Wer unter dem Schutz des Höchsten wohnt, der kann bei ihm, dem Allmächtigen, Ruhe finden.

PSALM 91,1

Wann hast du in letzter Zeit Gottes Schutz erfahren?
In welchen Situationen hat dir der Gedanke, dass Gott dich schützt, Kraft gegeben?

Welche Dinge und Menschen möchtest du heute Gottes Schutz anbefehlen?

Gott, wovor möchtest du mich
heute bewahren?

Die Schreiber der Psalmen verwenden viele verschiedene Bilder, um Gottes schützenden und bewahrenden Charakter deutlich zu machen. Ist dir bewusst, dass du die allermeisten Fälle, in denen Gott dich bewahrt hat, überhaupt nicht kennst, weil eben nichts passiert ist? Wie oft hat Gott wohl schon Unheil von dir abgewandt, ohne dass du etwas davon mitbekommen hast? Möge der Gedanke daran, dass er dich mit seinen Engeln umgibt, wo auch immer du gehst, dir ein Gefühl von Sicherheit geben und den nötigen Mut, um deinen anstehenden Entscheidungen und deiner Zukunft nicht verängstigt, sondern voller Zuversicht entgegenzutreten. Das gilt auch für die, die dir lieb sind und um die du dir vielleicht gerade Sorgen machst (vgl. Psalm 138).

Herr in meinem Leben

Bist du Herr in meinem Leben
Oder sage ich das nur?
Würd' ich dir wirklich alles geben
Oder glaub ich selbst nicht dran
Und denke immer „Irgendwann"?

Bist du Herr in meinem Leben
Oder nur eine Randfigur?
Und dort, wo du mir einen Weg bahnst
Folge ich wirklich deiner Spur
Oder sage ich das nur?

Wer bist du für mich?

Ich will nicht, dass mein Leben verläuft und zerfließt
Ohne, dass es Lobpreis für dich ist
Nimm mir meine Bequemlichkeit
Und richte meinen Blick auf das, was bleibt
Ich will nicht, dass mein Leben sich nur um mich dreht
Obwohl es doch um dich und dein Reich geht
Gib mir deine Barmherzigkeit
Und eine Sehnsucht, die so lange bleibt
Bis ich dich seh'

Jesus, Herr meines Lebens,
Komm mit deinem Heil'gen Geist
Ich brauch deine Vergebung
Komm mit deinem guten Plan
Ich nehm' deine Hilfe an

Ich lebe für dich
Gebrauche mich

7 Niemand von uns lebt für sich selbst,
und niemand stirbt für sich selbst.
8 Leben wir, dann leben wir für den
Herrn, und sterben wir, dann sterben
wir für den Herrn. Ganz gleich also,
ob wir leben oder sterben: Wir gehören
dem Herrn. RÖMER 14,7–8

Was verbindest du mit dem Wort „Herr“ oder „Herrscher“?

Manchmal wehren wir uns dagegen, Jesus nicht nur als unseren Retter, sondern auch als unseren Herrn anzuerkennen. Der Ursprung dieses Denkens kann in einem falschen Gottesbild oder auch in einem falschen Selbstbild liegen. Wir könnten mit „Herr“ einen veralteten Begriff für einen ausbeuterischen Herrscher verbinden oder uns in unserem Streben nach Emanzipation gekränkt fühlen, wenn es darum geht, nicht alles selbst zu bestimmen. Die Wahrheit ist aber, dass wir auch ohne die bewusste Anerkennung von Gottes Herrschaft nichts in dieser Welt in unseren eigenen Händen halten, weil im Letzten alle Kontrolle und Macht ihm gehören. Die Anerkennung dieser Herrschaft kann also viel eher der Start einer guten Kooperation sein (vgl. Philipper 2,5–11).

Als was für eine Art „Herr“ zeigt sich
Gott vor allem durch Jesus in der Bibel?

In welchen Bereichen deines Lebens
hast du die Herrschaft bisher noch nicht
an Jesus abgegeben?

Jesus, wo lasse ich dich
noch nicht Herr sein?

Peace to My Soul

No one can be trusted like you
    Because every word you say is true
No promise will be broken
    No lie ever spoken by you
You're the one and only God
    You're alive in this world and in my heart
You're the king above all kings
    The creator of all things
And still, you love me

You bring peace, peace to my soul
    And you silence the storm
Lord you mend my heart
    When everything is falling apart
You hold everything in your hands
    And your mercy never ends
You are in control and you bring peace
    You bring peace to my soul

You're the beginning and the end
    You are king and still
    You are my friend
Nothing is impossible
    We can be unstoppable through you
Holy, holy, holy, is your name
    Touched by you
    We will never be the same
You're the king above all kings
    The creator of all things
    And still, you love me

All the glory, all the power is yours
My whole life belongs to you my God

Der Friede, der von Christus kommt, regiere eure Herzen und alles, was ihr tut.

KOLOSSER 3,16; NGÜ

Kannst du dich an Momente erinnern, in denen Gott dir schon Frieden mitten in deinem Chaos geschenkt hat?

Welche Dinge wollen dich aus der Fassung bringen und dir deinen Frieden rauben?

In welcher Hinsicht bringt das Wissen um die Allmacht Gottes Frieden in dein Leben?

23 Danach stieg Jesus in das Boot und
fuhr mit seinen Jüngern weg. 24 Mitten auf
dem See brach plötzlich ein gewaltiger
Sturm los, so dass die Wellen über dem
Boot zusammenschlugen. Aber Jesus
schlief. 25 Da liefen die Jünger zu ihm,
weckten ihn auf und riefen: „Herr, hilf uns,
wir gehen unter!“ 26 Jesus antwortete
ihnen: „Warum habt ihr Angst? Vertraut
ihr mir so wenig?“ Dann stand er auf
und befahl dem Wind und den Wellen,
sich zu legen. Sofort hörte der Sturm auf,
und es wurde ganz still. 27 Alle fragten
sich voller Staunen: „Was ist das für ein
Mensch? Selbst Wind und Wellen
gehorchen ihm! MATTHÄUS 8,23–27

So wie Jesus damals den Sturm und die Wellen mit einem Wort gestillt hat, so möchte er auch heute dein Chaos zur Ruhe bringen und dort Ordnung schaffen, wo gerade noch Verwirrung herrscht.

Für mein Land

Wie gut es uns doch geht,
Wie gut es um uns steht
In einem Land, wo's alles gibt,
Wo alles geht

Und doch gibt es so viel Leid
Und so viel Einsamkeit
So viel Schmerz,
Der aus stummen Seelen schreit

Wir haben die Taschen voll
Und die Herzen leer
Alles scheint so leicht –
Nur die Seele schwer
Man darf alles sein
Und weiß schon nicht mehr, wer man ist

Ich bete für mein Land, für meine Stadt
Die ohne dich so wenig Licht und Hoffnung hat
Ich bete für diesen Ort, dass, Herr, dein Wort
Die Herzen befreit, die Seelen heilt,
Die Menschen vereint in meinem Land
Amen

Du sagst, wir sind Salz und Licht
Doch viel zu oft sieht man das nicht
Komm füll uns neu, Herr,
Wie dein Wort es uns verspricht

Bring du Hoffnung in die Dunkelheit
Deine Liebe, die von Angst befreit
Sei der feste Grund dieser instabilen Zeit

Segne unser Land und halte deine Hand
Über uns und sei uns gnädig zugewandt

Das bet' ich für mein Land, für meine Stadt
Für eine Gesellschaft, die dich längst vergessen hat
Ich bete für diesen Ort, dass, Herr, dein Wort
Die Herzen befreit, die Seelen heilt,
Die Menschen vereint in meinem Land
Amen

Betet für alle Menschen; bringt eure Bitten, Wünsche, eure Anliegen und euren Dank für sie vor Gott. Betet besonders für alle, die in Regierung und Staat Verantwortung tragen, damit wir in Ruhe und Frieden leben können, ehrfürchtig vor Gott und aufrichtig unseren Mitmenschen gegenüber. So soll es sein, und so gefällt es Gott, unserem Retter. Denn er will, dass alle Menschen gerettet werden und seine Wahrheit erkennen. 1. TIMOTHEUS 2,1–4

Gott, was siehst du, wenn du unser Land betrachtest?

→ Welche aktuellen gesellschaftlichen Themen und Entwicklungen bereiten dir Sorge?

Was wünschst du dir für dein Land, die Menschen in deinem Land, die Verantwortungsträger und die Gemeinde?

Das Gute ist, dass Gott nicht von den großen und unseren Einfluss übersteigenden Dingen überfordert ist. Er gibt uns allen Grund, positiv und hoffnungsvoll in die Zukunft seiner Welt, aber auch seiner Gemeinde zu blicken. Du bist dabei auch aufgefordert, dich um das Wohl deiner Umgebung zu bemühen (vgl. Jeremiah 29,5–7).

Liebenswert

Ich schaue aus dem Auto auf die Straße
Und sehe eine Frau am Straßenrand
Mit einer dünnen Decke um die Schultern
Und einem Becher Kleingeld in der Hand
Und wie immer geht ein Stich mir durch das Herz
Was hat sie wohl an diesen Punkt gebracht?
Und was hat mich zu der Frau, die ich bin
Und sie zu der Frau, die sie ist, gemacht?

Ich weiß, ich hab' mein Leben nicht verdient
Und so schnell könnte alles anders sein
Doch egal, was mir im Leben auch passiert
Wahre Würde find ich nur in dir allein

Du gibst mir Wert
Du gibst mir Wert
Indem du alles für mich aufgabst
Hast du mich geehrt

Du gibst mir Ziel
Du gibst mir Sinn
Und mein Leben ist lebenswert
Weil ich für dich liebenswert bin

Ich zieh vorbei an bunten Lichterketten
An Bratapfel-, an Zimt- und Glühweinduft
Weihnachtslieder klingen aus den Gassen
Und um mich her weht klare Winterluft
Und in Gedanken geh ich auf die Reise
Dorthin, wo all dies seinen Anfang nahm
Und ohne all den Glanz und alles Feiern
Gott in jener Nacht zur Erde kam

Durch sein Kommen brachte er mir alles
Indem er sich selbst alles nahm
Egal, was mir im Leben noch passiert
Ich war es wert, dass Gott auf diese Erde kam

Lasst uns lieben, denn er hat uns zuerst geliebt.

1. JOHANNES 4,19; LU

Was bedeutet es, dass du für Gott liebenswert bist?

Wer in deinem Umfeld braucht (eine neue) Offenbarung der Liebe Gottes für sie/ihn?

Gott, wie möchtest du, dass ich deine Liebe in mein konkretes Umfeld trage?

Wenn wir in uns selbst den Wunsch nicht haben, Gottes Liebe zu anderen zu tragen, dann haben wir vielleicht vergessen, wie unverdient und großzügig er in seiner Liebe zu uns ist. Gottes Liebe zu uns basiert nicht auf unseren Werken, aber sie wird durch sie sichtbar (1. Korinther 13,1–13).

Nur für dich

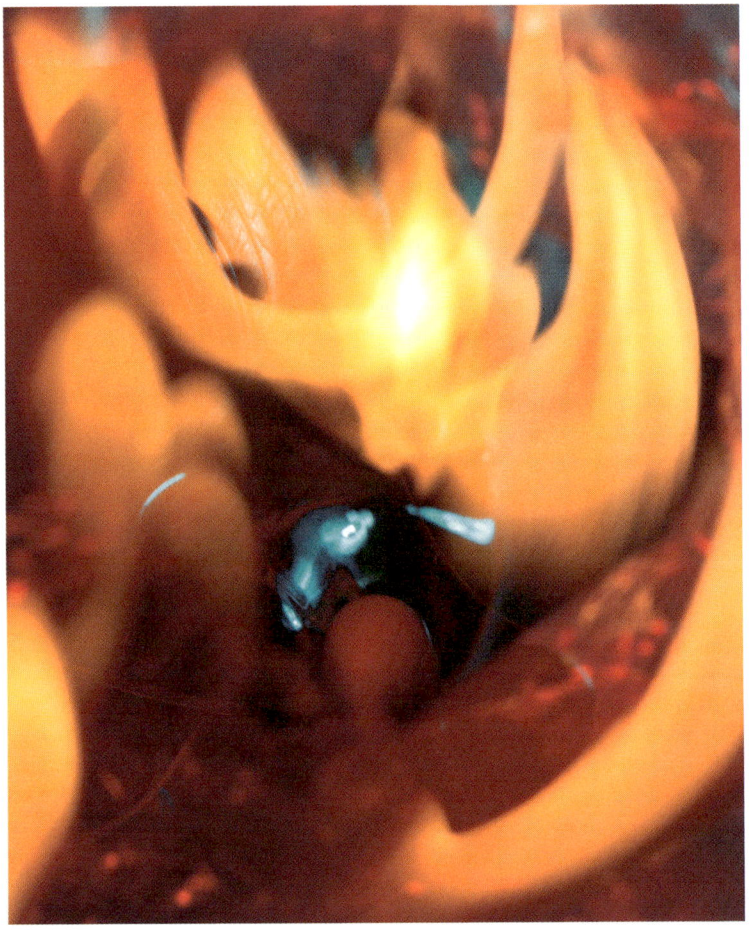

O dass der Wunsch
Meines Herzens deiner wär
Werde du in meinem Leben wieder Herr
O dass ich fühlen könnte,
Was du fühlst
Wenn du die Welt in ihrem Elend siehst

O lass mein Herz wieder brennen
Lass mein Herz wieder brennen nur für dich
Nur für dich
Lass meinen Geist neu erkennen,
Meinen Geist neu erkennen, wer du bist
Und wer ich bin vor dir

O dass ich sehen könnte,
Wen du siehst
Dass deine Liebe durch
Mein Leben weiter fließt
Dass das Verlangen
Nach dir niemals in mir stirbt
Und mein Wesen
Deinem ähnlich wird

In meinem Leben will ich
Nichts so erheben wie nur dich
Dich allein
In meinem Leben soll es
Keinen ander'n König geben
Du sollst mein König sein

Ich weiß, wie du lebst und was du tust; ich kenne deinen unermüdlichen Einsatz und deine Ausdauer. (...) Doch einen Vorwurf muss ich dir machen: Du liebst mich nicht mehr so wie am Anfang.

OFFENBARUNG 2,4; NGÜ

Was sind die Dinge, wofür du brennst? Was weckt dich richtig auf und belebt dich? Wie steht es um deine Liebe zu Jesus?

Bist du immer noch „Feuer und Flamme“ für ihn, oder gibt es Dinge, die dieses Feuer in der letzten Zeit ersticken?

Jesus, gibt es Dinge in meinem Leben, die das Feuer der Liebe dir ersticken oder gar ausgehen lassen?

Gott wünscht sich von Herzen eine innige Freundschaft und Beziehung zu uns. Aber manchmal sind es gerade die Dinge, die wir für Gott tun, die unsere Kapazität, ihn von ganzem Herzen zu lieben, eindämmen – wenn es ihm, am Ende wie am Anfang, am allermeisten um unser Herz geht (vgl. Johannes 15,1–17).

Wie oft hab' ich missverstanden
Worum es dir mit mir geht,
    Das Geschenk deiner Kraft in meinem Leben
    Auf meine Kosten abgelehnt
Und wie oft hab' ich gekämpft
Wo du schon gewonnen hast
    Und dann im Nachhinein erkannt
    Dein Joch ist sanft, wie du versprichst
    Und leicht ist deine Last

Aber du bist mir so wunderschön vertraut geworden
Deine Stimme ist wie gute Musik in meinen Ohren
    Und das Wirken deiner Hand
    Hab' ich schon oft genug erkannt
Um dir zu folgen ohne Misstrauen und ohne Angst
Ich fühle mich so wunderbar bei dir geborgen
Allen Ängsten, allen Zweifeln, allen meinen Sorgen
    Hast du dich schon mal gestellt
    Und für nichts auf dieser Welt
    Würd' ich dich missen wollen, Herr!

Wie oft hab' ich mich auf mich selbst verlassen,
Meinem eigenen Verstand vertraut
    Und dabei niemandem geholfen
    Sondern unbewusst Mauern aufgebaut
Und wie gut, dass du das weißt
Und mich trotzdem so sehr liebst,
    Dass du mir aus deinem Reichtum
    Alle Weisheit, die ich brauche,
    Und den Zuspruch deiner Treue gibst

Du bist mir so wunderschön vertraut geworden
Deine Stimme ist wie gute Musik in meinen Ohren
    Und das Wirken deiner Hand
    Hab' ich schon oft genug erkannt
Um dir zu folgen ohne Misstrauen, ohne Angst
Und ich fühle mich so wunderbar bei dir geborgen
Allen Ängsten, allen Zweifeln, allen meinen Sorgen
    Hast du dich schon mal gestellt
    Und für nichts auf dieser Welt
    Würd' ich dich missen wollen, Herr!

Vertraut

Der Herr ist meine Stärke und beschützt mich. Ich habe von ganzem Herzen auf ihn vertraut und er hat mir geholfen. Darum freue ich mich und danke ihm mit meinem Lied.

PSALM 28,7

Welche Ereignisse in diesem Jahr haben dein Vertrauen in Gott gestärkt?

Gott, warum zögere ich trotzdem manchmal, dir zu vertrauen?

Wo hat er deine Gebete erhört und dir einen Weg gebahnt?

Die Bibel sagt uns eine Belohnung für unser Gottvertrauen zu. Manchmal muss sich jedoch auch unsere Standhaftigkeit und unsere Bereitschaft, an Gott festzuhalten, bewähren. Werde nicht mutlos, wenn du nicht gleich erlebst, wie sich Dinge zum Guten wenden, sondern vertraue auf Gottes Timing (vgl. Hebräer 10,35–39).

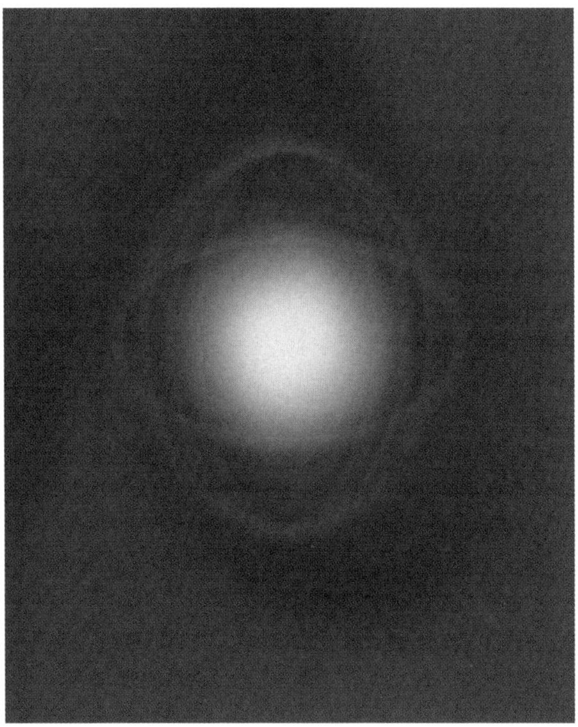

Wunder

Blinde können sehen
    Lahme können gehen
Wunder geschehen, Wunder geschehen!
Trauernde empfangen Trost
    Schwache neue Kraft
Das ist, was deine Liebe,
    Was deine Liebe schafft

Du bist heilig, du bist ewig
    Dir gebührt die Ehre
Du bist würdig, du bist mächtig
    König aller Könige bist du

Taube hören wieder
    Stumme singen Lieder
Wunder geschehen, Wunder geschehen!
Du wirst niemals müde
    Nichts ist dir zu groß
Dir ist alles möglich und
    Du lässt mich nicht los

Du bist hoch erhoben
Und für immer loben wir dich Vater!

Du bist heilig, du bist ewig
    Dir gebührt die Ehre
Du bist würdig, du bist mächtig
    König aller Könige bist du

Ich bin der Herr, der Gott über alle Menschen. Nichts ist für mich unmöglich.

JEREMIA 32,27

Oft vergessen wir die kleinen und großen Dinge, die Gott in unserem Leben bereits vollbracht hat, und reduzieren ihn auf das, was uns selbst möglich erscheint. Was waren Wunder in deinem Leben, an die du dich immer erinnern möchtest?

Wie lässt dich die Erinnerung an sie in die Zukunft schauen?

Gott, in welchem Lebensbereich
möchtest du bei mir ein Wunder tun?

Es gibt noch so vieles an Gott zu entdecken und noch so vieles mit ihm zu erleben. Deine Probleme und Hürden sind nicht zu groß und deine Hoffnungen und Gebete nicht zu unrealistisch für ihn. Mach dir immer wieder bewusst: Für den, der sein Vertrauen auf Christus setzt, ist nichts unmöglich (vgl. Psalm 9,1–13).

Yet to Come

You offer rest, you offer peace
    You offer joy that does not cease
You are the light you are the bread
    To fill the emptiness inside

In a world full of hate
    I'll spread your love
In a world full of loss
    You'll be enough
In a world full of fear
    I will not be shaken

In a world full of doubts
    Your promise stands
When the waves grow high
    You'll hold my hand
Lord you won't let go
    And you cannot be taken from me

So, give me strength to persevere
    Fill my heart and drive out fear
Lord lead the way control my mind
    Make me see when I am blind

We stand united Lord as one
    We pray for your kingdom
    Your kingdom to come
And we sing worthy of our praise
    You'll always be

Lord this is the world
    You've overcome
And this is the battle
    You have won
So in this world full of tears
    I'll sing the song
Of the world that's yet to come.

Lernt Gutes zu tun. Schafft Recht, weist Übeltäter zur Ordnung. Verhelft Waisen zu ihrem Recht. Tretet für die Witwen ein.

JESAJA 1,17; GNB

Welche konkrete Rolle willst du dir von Gott zuweisen lassen, um die Aufgabe, für Gerechtigkeit auf dieser Welt einzustehen, zu erfüllen?

Was sollen andere in dir sehen?

Jesus, mit wem möchtest du in meinem Umfeld durch mich Zeit verbringen und was willst du für die Menschen in meiner Umgebung tun?

Ein Großteil des Auftrags und des Wirkens Jesu bestand darin, sich für die Benachteiligten, Unterdrückten und Schwachen einzusetzen. Gottes Herz brennt besonders für Menschen in Krisen. Ihm geht es deshalb nicht um unsere Lippenbekenntnisse, frommen Lieder oder religiösen Rituale, sondern um echten Einsatz für diese Meschen in Not, der von Liebe zu ihm und zu den Mitmenschen motiviert ist (vgl. Lukas 11,37–44).

Dein Name

Obwohl du Sünde hasst
Hast du die Sünder lieb
Und nimmst uns voller Gnade an
Wie es sonst keiner kann

Obwohl du Leben bist
Gabst du dein eigenes auf
Und hast uns mit dir selbst versöhnt

Jesus
Über jedem meiner Siege steht dein Name
Über jedem meiner Fehler dein Erbarmen
Keiner ist wie du, Jesus
Deine Liebe lässt sich nicht in Worte fassen
Sie übersteigt unser'n Verstand und alle Maße
Und auch wenn alles mal vergeht,
Dein Name bleibt und steht
Über meinem Leben

Dass du in uns lebst
Und neues Leben gibst,
Das werd ich wohl nie ganz versteh'n
Und doch kann ich es sehn'

Dass du Hoffnung schenkst
Und unsere Wege lenkst
Sind Zeichen deiner Liebe, deiner Kraft

Werde immer größer, immer größer, in mir

Und Christus ist deshalb für alle gestorben, damit alle, die leben, nicht länger für sich selbst leben, sondern für Christus, der für sie gestorben und auferstanden ist.

2. KORINTHER 5,15

Was sind die Siege in deinem Leben, über denen ganz klar der Name Jesus steht?

Welche vergangenen Fehler und Versäumnisse hast du schon vor ihn gebracht und Vergebung erfahren?

Was hörst du ihn sagen, wenn du ihn fragst, was es heute / diese Woche / in nächster Zeit bedeutet, nicht einfach für dich, sondern für ihn und mit ihm zu leben?

Die Bibel spricht viel über den Namen Jesus. Sie sagt, dass eines Tages jeder Mensch begreifen wird, dass er Gott ist (vgl. Philipper 2,10). Wir können uns kaum ausmalen, wie viel Ehre ihm zusteht und wie viel Kraft er hat, denn Jesus sagt selbst, dass ihm alle Macht im Himmel und auf Erden gegeben ist. Oft versuchen wir trotzdem, unser Leben ohne die übernatürliche Kraft zu meistern, die uns zur Verfügung steht. Lass dich heute auf den Gedanken ein, dass Jesus dir nicht nur zeigen kann, welchen Weg du gehen sollst, sondern auch, dass er selbst dieser Weg ist. Was bedeutet das für die Entscheidungen und Ereignisse, die bei dir anstehen? (vgl. Johannes 14, 1–15; 1. Korinther 5, 14–6,2).

PSALM 139

Herr, du durchschaust mich! 1 Ein Lied von David.
HERR, du durchschaust mich, du kennst mich
durch und durch. 2 Ob ich sitze oder stehe – du
weißt es, aus der Ferne erkennst du, was ich denke.
3 Ob ich gehe oder liege – du siehst mich, mein
ganzes Leben ist dir vertraut. 4 Schon bevor ich
anfange zu reden, weißt du, was ich sagen will.
5 Von allen Seiten umgibst du mich und hältst
deine schützende Hand über mir. 6 Dass du mich so
genau kennst, übersteigt meinen Verstand; es
ist mir zu hoch, ich kann es nicht begreifen! 7 Wie
könnte ich mich dir entziehen; wohin könnte ich
fliehen, ohne dass du mich siehst? 8 Stiege ich
in den Himmel hinauf – du bist da! Wollte ich mich
im Totenreich verbergen – auch dort bist du! 9 Eilte
ich dorthin, wo die Sonne aufgeht, oder versteckte
ich mich im äußersten Westen, wo sie untergeht,
10 dann würdest du auch dort mich führen und
nicht mehr loslassen. 11 Wünschte ich mir: »Völlige
Dunkelheit soll mich umhüllen, das Licht um mich
her soll zur Nacht werden!« – 12 für dich ist auch
das Dunkel nicht finster; die Nacht scheint so hell
wie der Tag und die Finsternis so strahlend wie
das Licht. 13 Du hast mich mit meinem Innersten

geschaffen, im Leib meiner Mutter hast du mich
gebildet. 14 Herr, ich danke dir dafür, dass du mich
so wunderbar und einzigartig gemacht hast!
Großartig ist alles, was du geschaffen hast – das
erkenne ich! 15 Schon als ich im Verborgenen
Gestalt annahm, unsichtbar noch, kunstvoll ge-
bildet im Leib meiner Mutter, da war ich dir
dennoch nicht verborgen. 16 Als ich gerade erst
entstand, hast du mich schon gesehen. Alle Tage
meines Lebens hast du in dein Buch geschrieben
– noch bevor einer von ihnen begann! 17 Wie
überwältigend sind deine Gedanken für mich,
o Gott, es sind so unfassbar viele! 18 Sie sind
zahlreicher als der Sand am Meer; wollte ich sie
alle zählen, ich käme nie zum Ende! 19 Mein Gott!
Wie sehr wünsche ich, dass du alle tötest, die
sich dir widersetzen! Ihr Mörder, an euren Händen
klebt Blut! Mit euch will ich nichts zu tun haben!
20 HERR, wenn diese Leute von dir reden, dann
tun sie es in böser Absicht, sie missbrauchen
deinen Namen. 21 HERR, wie hasse ich alle, die
dich hassen! Wie verabscheue ich alle, die dich
bekämpfen! 22 Deine Feinde sind auch meine
Feinde. Mein Hass auf sie ist grenzenlos! 23 Durch-
forsche mich, o Gott, und sieh mir ins Herz, prüfe
meine Gedanken und Gefühle! 24 Sieh, ob ich
in Gefahr bin, dir untreu zu werden, und wenn ja:
Hol mich zurück auf den Weg, den du uns für
immer gewiesen hast!

König meines Herzens

Was ist verlässlich,
Was bleibt bestehen
    Was wird mich halten
    Und nicht vergehen
Wer bietet mir Schutz
Und Zuflucht im Leben?
    Du

Du kennst mein Herz
Und du kennst mein Denken
    Ich geb' mich dir hin
    Und du sollst mich lenken
Denn du bist voller Gnade
Und hast mich zuerst geliebt

Du bist der König meines Herzens,
Die Liebe meiner Seele
Der Friede, der mein Leben
Durchdringt und erfüllt
    Die Hand, an der ich gehe,
    Der Fels, auf dem ich stehe
    Der, dem mein Leben und mein Lied gehört
Ich liebe dich, Jesus

Du bist Alpha und Omega
    Und was du anfängst,
    Bringst du auch zu Ende
Und das, was vor mir liegt,
Was ich jetzt noch nicht sehe,
Ist in deinen Händen

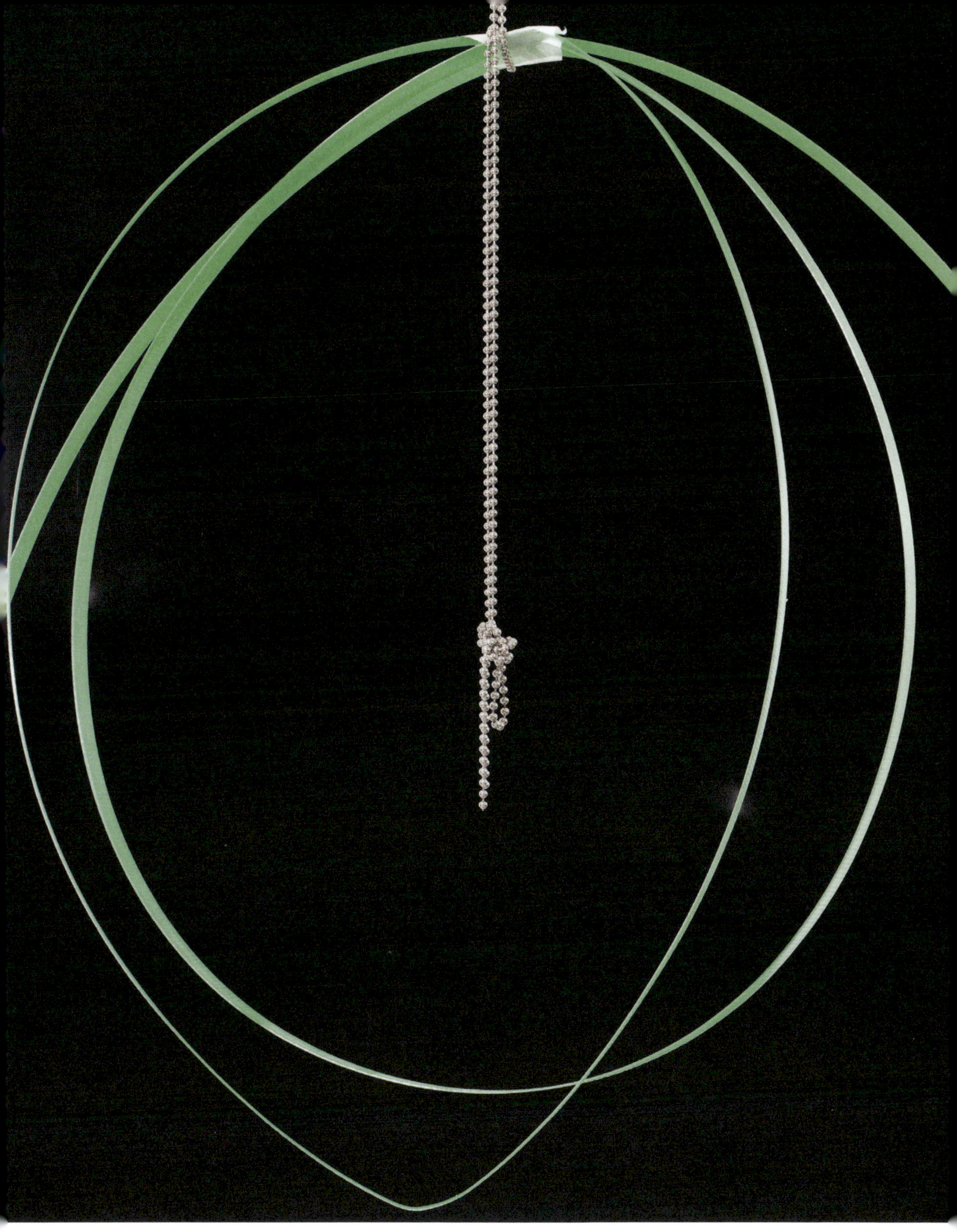

Lasst uns jede Last ablegen und die Sünde, die uns so leicht umstrickt, und lasst uns mit Ausdauer laufen in dem Kampf, der vor uns liegt, indem wir hinschauen auf Jesus, den Anfänger und Vollender des Glaubens.

HEBRÄER 12,1–2; SLT

Wo hat Jesus in deinem Leben bereits etwas angefangen?

Gibt es Dinge, die du vielleicht schon länger mit dir herumträgst, ohne ihnen weiter nachzugehen?

Gott, welche Dinge möchtest du in meinem
Leben zur Vollendung bringen?

Wir müssen uns nicht den Druck machen, unser Leben perfekt zu planen. Da, wo wir selbst ambitioniert sind, will Gott uns klarmachen, dass seine Ziele mit uns viel größer und bedeutender sind als die Dinge, die wir uns mit unserem Verstand ausmalen können. Und wenn er etwas in uns in Bewegung setzt, dann wird er damit auch sein Ziel erreichen (Jesaja 43,15–19).

Safe

When I look at the night sky
And see the work of your fingers
The moon and the stars you set in place
Who am I that you should think of me?
But you count the hair on my head
You know all my thoughts, before they are said
You hear every prayer that I cry out to you

And I am safe
Safe in your hands
You are my father,
My friend
Whether it's day,
Or during the night
You will never leave my side
You are a lamp,
A light on my way
If everyone left me,
You would stay
You are my God
And I am safe in your hands

How sweet is your unfailing love for me
How wonderful are your tender mercies toward me
Countless blessings you pour out over me
How refreshing to be in your presence oh God
You light a fire in my heart

Unauslöschlich habe ich deinen Namen auf meine Handflächen geschrieben. JESAJA 49,15

Wenn du für einen Moment alles und alle ausblendest und Gott einen Satz über dich aussprechen lässt, was hörst du?

Weißt du, dass Gott dich liebt – und spürst du das auch in deinem Herzen?

Gibt es etwas, das er dir zeigen möchte?

In unserer Gesellschaft geht es zu Recht immer mehr um Selbstliebe und Selbstannahme. Es herrscht eine große Unsicherheit über den eigenen Wert und wir sind getrieben von einem ewigen Vergleichen mit anderen. Der einzig wahre Weg zur absoluten Selbstsicherheit führt aber zu dem einen, der uns seine bedingungslose Liebe und Annahme mit Sicherheit verspricht und der uns genau so, wie wir sind, seit Anbeginn der Zeit gewollt hat. In nichts anderem werden wir diese Sicherheit und diesen (Selbst)Wert finden (vgl. Psalm 139).

Wie es für dich weitergehen kann

Lerne, auf Gott zu hören ...

Wie ist es dir mit diesem Buch ergangen? Hat diese Art, zu reflektieren und zu beten, dich geistlich wachsen lassen? Ich hoffe jedenfalls sehr, dass Gottes Stimme dir vertrauter geworden ist!

Ich selbst liebe es, nach einiger Zeit wieder in ein solches „Gesprächsbuch mit Gott" zu schauen und mich selbst zu fragen: Was ist seither passiert und wohin hast du, Gott, mich geführt?

Meine eigenen Gedanken, Einträge und Bilder nach einiger Zeit erneut zu betrachten, lässt mich dankbar für das Wirken Gottes in meinem Leben werden. Gleichzeitig ist es auch spannend, die begonnenen Veränderungen weiterhin zu dokumentieren. Vielleicht tut es auch dir gut, dieses Buch mit etwas zeitlichem Abstand wieder in die Hand zu nehmen und dir dieselben Fragen noch einmal zu stellen. Je nach Lebensphase und -situation werden dabei womöglich völlig neue Dinge ins Licht rücken.

Aber auch ohne dieses Buch kannst du dein Gespräch mit Gott weiterführen. Lass dir Zeit, wenn es darum geht, immer mehr zu lernen, auf seine Stimme zu hören. Mach vielleicht einen Spaziergang und sprich laut mit ihm. Stell ihm konkrete Fragen, und du wirst sehen, dass er oft schon im selben Moment etwas in deinem Herz bewegen wird. Führe ein Gebetstagebuch und dokumentiere die Eindrücke, die Gott dir während deiner Gebetszeiten gegeben hat. Teile sie auch mit anderen, und du wirst sehen, dass Gott nicht nur zu dir, sondern auch durch dich zu anderen sprechen möchte. Bleib offen für Überraschungen und Neues in deinem Glaubensleben und vor allem: bleib kreativ. Unser Schöpfergott hat dich mit schöpferischen Fähigkeiten ausgestattet, die dir und ihm Freude bringen können. Hör nicht auf, hinzuhören und seiner Stimme zu folgen – ich sage dir: Es lohnt sich!

Auf den nächsten Seiten findest du einige Tipps, wie du Gottes Stimme in deinem Leben weiterhin viel Raum geben kannst. Ich wünsche dir von Herzen Gottes Segen und einen immer vertrauteren Umgang mit deinem Schöpfer und himmlischen Vater, der sich nach echtem Austausch mit dir sehnt.

1. Durch deine eigenen Ideen

„Wer an mich glaubt, wird erfahren, was die Heilige Schrift sagt: Von seinem Inneren wird Leben spendendes Wasser ausgehen wie ein starker Strom“ (Johannes 7,38).

—

„Unterdrückt nicht das Wirken des Heiligen Geistes“ (1. Thessalonicher 5,19).

Nicht selten erlebe ich, dass Gott mir wie aus dem Nichts Erinnerungen an etwas, einen Tipp oder eine neue Idee schenkt, während ich so vor mich hin grüble. Immer dann, wenn ich die Dinge, die ich bewege, und die Menschen, die mir auf dem Herzen liegen, vor ihn bringe und dafür bete, dass Gott meine Gespräche und Handlungen lenken soll, kommen mir Gedanken, die hilfreich sind oder Klarheit schaffen.

Ich wünsche mir, dass wir als vom Heiligen Geist erfüllte Kinder Gottes immer mehr darauf vertrauen, dass aus unserem Herzen unter seinem Einfluss Gutes hervorkommt: gute von Gott eingegebene Gedanken, hilfreiche und weise Worte, wichtige und richtige Entscheidungen. Ich wünsche mir, dass wir viel häufiger davon ausgehen, dass Gott durch unser eigenes Herz und unsere eigenen Ideen zu uns sprechen möchte und genau diese gebraucht, um Dinge in seinem Reich zu bewegen. Oft erlebe ich jedoch, dass wir diese Anregungen des Heiligen Geistes unterdrücken, weil wir meinen, es könne nur unser eigener Verstand sein, der da spricht.

Frage Gott deshalb zu deinen eigenen Gedanken:

→ Welche guten Gedanken von mir waren eigentlich von dir?

→ Wann hast du durch etwas, das ich gesagt/getan habe, jemand anderen bewegt?

→ Wie soll ich .... das sagen?

→ Wie möchtest du, dass ich das Problem mit .... löse?

→ Was könnte ich tun, um .... deine Liebe zu zeigen?

→ Womit soll ich mich beschäftigen?

2. Durch die Natur

„Kommt, lasst uns dem HERRN zujubeln! Wir wollen ihn preisen, den Fels, bei dem wir Rettung finden! Lasst uns dankbar zu ihm kommen und ihn mit fröhlichen Liedern besingen! Denn der HERR ist ein gewaltiger Gott, der große König über alle Götter! In seiner Hand liegt alles – von den Tiefen der Erde bis hin zu den Gipfeln der höchsten Berge. Ihm gehört das Meer, er hat es ja gemacht, und seine Hände haben das Festland geformt. Kommt, wir wollen ihn anbeten und uns vor ihm beugen; lasst uns niederknien vor dem HERRN, unserem Schöpfer! Denn er ist unser Gott, und wir sind sein Volk. Er kümmert sich um uns wie ein Hirte, der seine Herde auf die Weide führt" (Psalm 95,1–6).

—

„Der Himmel verkündet Gottes Hoheit und Macht, das Firmament bezeugt seine großen Schöpfungstaten. Ein Tag erzählt dem nächsten davon, und eine Nacht sagt es der anderen weiter. Dies alles geschieht ohne Worte, ohne einen vernehmlichen Laut. Doch auf der ganzen Erde hört man diese Botschaft, sie erreicht noch die fernsten Länder" (Psalm 19,2–5).

In der Bibel lesen wir, dass die Schöpfung ein lebendiges Zeugnis des Wesens Gottes ist – für alle erkennbar, egal, in welchem Land und zu welcher Zeit wir leben und egal, welche Prägung wir haben. Es scheint, als würden wir in unserem digitalen Zeitalter mehr und mehr verlernen, die Natur um uns herum bewusst auf uns wirken zu lassen. Die Künstler aus der Romantik-Epoche studierten ihr Leben lang die Verläufe von Farben und Formen in der Natur, um sie so wahrheitsgetreu wie nur möglich bildlich wiedergeben zu können. In ihren Werken wurde deutlich, wie atemberaubend schön und majestätisch die Natur in ihren Augen war und wie klein der Mensch im Gegensatz dazu erscheint.

In unserem Alltag sind wir oft zu beschäftigt, um uns von diesem Staunen über die Pflanzen- und Tierwelt einnehmen zu lassen. Unsere Blicke kleben stattdessen oft an unseren Handys und richten sich auf eine virtuelle Welt, die aus Pixeln besteht und uns durch Algorithmen präsentiert wird. Dabei verpassen wir etwas. Wir verpassen Gott, wie er durch seine Schöpfung zu uns reden möchte, und auch, wie seine Schöpfung ohne Worte unaufhörlich zu ihm spricht (vgl. Psalm 19). Ja, wir verpassen das ganze stille Reden der Schöpfung, das so wortlos und doch so deutlich und verständlich für den ist, der Gott sucht. Und der hinhört.

Nimm dir bewusst Zeit, Gott durch seine Schöpfung zu dir sprechen zu lassen und stelle ihm Fragen wie:

→ Was kann ich von den Vögeln am Morgen lernen?

→ Was erzählt mir das Rauschen des Windes über dich?

→ Wie möchtest du dich mir durch die Landschaft in meiner Umgebung zeigen?

→ Wie möchtest du, dass ich auf deine Welt achtgebe?

→ Wie kann ich deine Schöpfung bewahren und schätzen?

3. Durch Gemeinschaft

„Denn wo zwei oder drei versammelt sind in meinem Namen, da bin ich mitten unter ihnen“ (Matthäus 18,20).

–

„Lasst uns aufeinander achten! Wir wollen uns zu gegenseitiger Liebe ermutigen und einander anspornen, Gutes zu tun“ (Hebräer 10,24).

Unser Glaube und unser Wachstum darin sind auf die Gemeinschaft mit anderen Gläubigen angewiesen. Paulus beschreibt die Einzelnen als unterschiedliche Körperteile, die nur in der Gemeinschaft miteinander ihre Funktion erfüllen und Dinge bewegen können. So gerne wir uns manchmal auch von anderen Gläubigen distanzieren und allein loslegen wollen, so deutlich werden wir früher oder später auch feststellen müssen, dass wir ohne „den Leib“ nicht weit kommen werden.

Jesus wünschte sich in einem seiner letzten Gebete hier auf Erden, dass wir als seine Jünger und Jüngerinnen in unserer Liebe zueinander und unserer Hingabe füreinander wachsen und durch diese gelebte Einheit zum Zeugnis für die Welt um uns herum werden sollen. Wir haben einander etwas Wertvolles zu geben und wir haben genauso viel voneinander zu empfangen. Es ist ein Privileg, Glaube in Gemeinschaft zu leben, doch wie in Gemeinschaft gelebter Glaube dann konkret aussieht, ist immer auch unsere eigene Verantwortung.

Wir sind aufgefordert, uns der Gegenwart Gottes in unserer Mitte bewusstzuwerden und miteinander so umzugehen, als wäre er leibhaftig unter uns. Wir sind ebenfalls dazu aufgefordert, einander zu ermutigen, einander anzuspornen und einander Gutes zu tun, genauso wie wir selbst von anderen Ermutigung, Ansporn und Gutes annehmen sollen. Es ist Gott selbst, der uns durch sie ermutigen, anspornen und Gutes tun möchte.

Bevor, während oder auch nachdem du Gemeinschaft mit anderen Gläubigen hast beziehungsweise hattest, frage Gott:

- → Wie möchtest du heute durch diese Geschwister zu mir sprechen?
- → Was möchtest du meinen Glaubensgeschwistern heute durch mich sagen?
- → Was kann ich ihnen heute Gutes tun?
- → Was hast du mir heute durch meine Glaubensgeschwister gezeigt/geschenkt?
- → Was von den Dingen, die heute gesagt wurden, soll ich als dein Reden zu mir annehmen?

4. Durch Schwierigkeiten

„Doch nicht nur dafür sind wir dankbar. Wir danken Gott auch für die Leiden, die wir wegen unseres Glaubens auf uns nehmen müssen. Denn Leid macht geduldig, Geduld aber vertieft und festigt unseren Glauben, und das wiederum stärkt unsere Hoffnung. Diese Hoffnung aber geht nicht ins Leere. Denn uns ist der Heilige Geist geschenkt, und durch ihn hat Gott unsere Herzen mit seiner Liebe erfüllt" (Römer 5,3–4).

—

„Deshalb lassen wir uns von dem, was uns zurzeit so sichtbar bedrängt, nicht ablenken, sondern wir richten unseren Blick auf das, was jetzt noch unsichtbar ist. Denn das Sichtbare vergeht, doch das Unsichtbare bleibt ewig" (2. Korinther 4,18).

So sehr wir es uns auch anders wünschen: Leid ist ein fester Bestandteil des menschlichen Lebens und im Grunde genommen der gesamten Schöpfung. Der Umkehrschluss aus Römer 5,3–4 ist, dass wir ohne Leid keine Geduld, keinen festen Glauben, keine starke Hoffnung und keine tiefe Liebe entwickeln beziehungsweise empfinden können. Ja, Jesu Liebe zeigte sich vor allem in dem Leid, das er für uns auf sich genommen hat.

Ähnlich verhält es sich bei uns: Meist zeigt sich erst in Herausforderungen, wie tief unsere Liebe füreinander und auch zu Gott wirklich ist. Auf der anderen Seite erleben wir auch Gottes Liebe zu uns im eigenen Leid oft am stärksten. Von ihm getröstet werden kann nur, wer etwas verloren hat. Von ihm gehalten werden kann nur, wer sich schwach fühlt. Von ihm getragen werden muss nur, wer gefallen ist. Seine lebensverändernde Vergebung erleben wir erst, wenn wir Fehler machen. Seine bedingungslose Liebe wird uns erst dann bewusst, wenn wir sie am meisten brauchen und am wenigsten verdient hätten. Es scheint beinahe so, als würden gerade unsere Täler Gott am meisten Raum bieten, zu uns zu sprechen.

Wenn du also durch schwere Zeiten gehen musst, frage Gott:

- → Wo hast du mich in letzter Zeit getragen?
- → Was möchtest du mir vergeben?
- → Wie zeigst du mir gerade deine Liebe und Fürsorge?
- → Wodurch möchtest du mir deinen Trost zusprechen?
- → Worauf möchtest du heute meinen Blick lenken?

5. Durch die Bibel

„Dein Wort ist wie ein Licht in der Nacht, das meinen Weg erleuchtet“ (Psalm 119,105).

—

„Denn die ganze Heilige Schrift ist von Gott eingegeben. Sie soll uns unterweisen; sie hilft uns, unsere Schuld einzusehen, wieder auf den richtigen Weg zu kommen und so zu leben, wie es Gott gefällt“ (2. Timotheus 3,16).

Vielleicht erscheint es dir selbstverständlich, dass Gott durch die Bibel zu uns spricht, aber nicht immer gehen wir mit der Bibel auch tatsächlich so um, als hätte sie uns genau in dem Moment, in dem wir sie lesen, etwas zu sagen. Das bedeutet nicht, dass jede Geschichte oder Aussage der Bibel unbedingt einen direkten Bezug zu unserem Leben hat, aber dass Gott unser Nachdenken über diese Geschichten und Aussagen lenken möchte. Er kann und will uns neue Dinge offenbaren, wenn wir uns seinem Wort voller Aufmerksamkeit zuwenden.

Wenn ich zum Beispiel von der Schuld eines Menschen in der Bibel lese, bedeutet das nicht automatisch, dass ich die gleiche Schuld mit mir trage. Es sollte mich jedoch dazu bringen, Gott zu fragen, welche Schuld ich denn mit mir trage.

Oder wenn ich lese, was Menschen in der Bibel zueinander sagen, bedeutet das nicht immer direkt, dass dasselbe auch mir persönlich gilt, aber ich könnte mir Gedanken darüber machen, was diese Geschichte über die Natur des Menschen oder das Wesen Gottes aussagt. So werden auch die Teile der Bibel, die auf uns vielleicht etwas befremdlich wirken, aktuell und erfüllen den Auftrag, etwas in uns zu bewegen.

Fragen, die du Gott beim Bibellesen stellen kannst, sind zum Beispiel:

→ Wie bist du, Gott?

→ Was sagt die Reaktion der Menschen in dieser Geschichte über den Kern des Menschen aus?

→ Welche der grundsätzlichen Herausforderungen, mit denen ich selbst kämpfe, haben diese Menschen mit dir überwunden?

→ Wie hast du dich im Gelesenen als treu/gerecht/gut/heilig/... erwiesen und wie willst du das in meinem Leben tun?

→ Was versprichst du mir persönlich durch diese Verse?

→ Welches Wort möchtest du mir für den heutigen Tag mitgeben?

6. Durch Stille und Ruhe

„Der Herr sagt: Achtet den Sabbat als einen heiligen Tag, der mir gehört! Entehrt ihn nicht dadurch, dass ihr euren Beschäftigungen nachgeht. Entweiht ihn nicht durch Reisen oder durch Arbeit oder irgendwelche Geschäfte. Betrachtet ihn nicht als eine Last, sondern als einen Anlass zur Freude! Dann werde ich selbst die Quelle eurer Freude sein. Über alle Hindernisse lasse ich euch triumphieren und ihr könnt den Ertrag des Landes genießen, das ich eurem Stammvater Jakob gegeben habe" (Jesaja 58,13–14).

–

„Dann sagte Jesus: Kommt alle her zu mir, die ihr müde seid und schwere Lasten tragt, ich will euch Ruhe schenken. Nehmt mein Joch auf euch. Ich will euch lehren, denn ich bin demütig und freundlich, und eure Seele wird bei mir zur Ruhe kommen" (Matthäus 11,28–29).

In den Versen aus dem Buch Jesaja verspricht uns Gott, dass wir aus Zeiten, in denen wir uns bewusst dem Trubel und der Geschäftigkeit unseres Alltags entziehen, um mit ihm zu sein, erfrischt und mit Freude erfüllt herausgehen werden. Gott wünscht sich nicht, dass wir mehr für ihn tun oder disziplinierter irgendwelchen christlichen Pflichten nachgehen; er möchte, dass wir zur Ruhe kommen, ihm begegnen und immer wieder bewusst unsere Lasten bei ihm ablegen.

Dieser Stille und Ruhe in unserem Leben Raum zu geben, bedeutet, Gott selbst in unserem Leben Raum zu geben. Wenn wir ihm bewusst Zeiten in unserem Alltag widmen, in denen uns keine anderen Angelegenheiten oder Menschen ablenken und wir nicht unseren Beschäftigungen nachgehen, werden wir Kraft schöpfen und Wegweisung erleben, die uns über Hindernisse triumphieren lassen. Genau wie in anderen Beziehungen ist es etwas Besonderes, Zeit zu zweit mit Gott zu verbringen, womöglich an einem schönen Ort und ohne lästige To-do-Listen im Hinterkopf.

Um zur Ruhe zu kommen und aufzutanken, frage Gott:

- → Wo willst du heute Zeit mit mir verbringen?
- → Welche Lasten kann ich dir heute abgeben?
- → Wie kann ich dich heute anbeten?
- → Worüber freust du dich an mir?

MIX
Papier aus verantwortungsvollen Quellen
FSC® C014138
FSC www.fsc.org

1. Auflage 2022
Bestell-Nr. 817840
ISBN 978-3-95734-840-1

Umschlaggestaltung & Satz: Timo Matthies
Illustration/Bilder: Timo Matthies
Druck und Verarbeitung: FINDIR s.r.o.
Printed in Czech Republik

www.gerth.de